大学英语翻译教学模式创新研究

夏冰　盛莹　陈茂春　著

中国商务出版社
·北京·

图书在版编目（CIP）数据

大学英语翻译教学模式创新研究 / 夏冰，盛莹，陈茂春著. -- 北京 : 中国商务出版社，2023.12

ISBN 978-7-5103-5018-4

Ⅰ. ①大… Ⅱ. ①夏… ②盛… ③陈… Ⅲ. ①英语－翻译－教学研究－高等学校 Ⅳ. ①H315.9

中国国家版本馆CIP数据核字(2023)第250232号

大学英语翻译教学模式创新研究

DAXUE YINGYU FANYI JIAOXUE MOSHI CHUANGXIN YANJIU

夏冰 盛莹 陈茂春 著

出　　版：中国商务出版社

地　　址：北京市东城区安外东后巷28号　　**邮　编**：100710

责任部门：发展事业部（010-64218072）

责任编辑：陈红雷

直销客服：010-64515210

总 发 行：中国商务出版社发行部（010-64208388　64515150）

网购零售：中国商务出版社淘宝店（010-64286917）

网　　址：http://www.cctpress.com

网　　店：https://shop595663922.taobao.com

邮　　箱：295402859@qq.com

排　　版：北京宏进时代出版策划有限公司

印　　刷：廊坊市广阳区九洲印刷厂

开　　本：710毫米×1000毫米　1/16

印　　张：12.25　　**字　数**：211千字

版　　次：2023年12月第1版　　**印　次**：2023年12月第1次印刷

书　　号：ISBN 978-7-5103-5018-4

定　　价：79.00元

凡所购本版图书如有印装质量问题，请与本社印制部联系（电话：010-64248236）

前　言

阅读是人们获取信息的主要手段，提高阅读能力是英语学习的重要目的和任务之一。因而英语阅读教学一直是英语教学中的重中之重，其目的在于培养学生学习英语的兴趣，拓宽他们的阅读视野，切实有效地培养和提高他们的英语阅读能力及综合运用语言的能力。阅读是英语教学的重要组成部分，通过阅读教学，不仅可以提高学生的读写能力，而且可以大大地提高其听说能力，使他们在今后学习、工作和社会交往中能用英语有效地进行交际。英语阅读教学是英语教学听、说、读、写、译五个环节中的重要一环，是学生获得知识、积累词汇、熟悉句式、培养书面表达能力的重要途径，也是学生运用英语获取信息的重要渠道。

人们普遍认为，只要懂点英语，加上一本词典就能做翻译了。人们似乎存在一种观点，认为只要阅读量足够大，阅读能力和词汇量都会随之提高与增加，翻译就不成问题了。事实并非如此。许多学者指出，课堂上教师使用的语法翻译的单一教学方式和英语课本上的翻译练习根本不能称为真正意义上的翻译教学。由此可见，翻译不仅应被视为一项综合技能，而且应被视为英语教学的目的之一。对英语教学中翻译教学的重视，反映出翻译不但可以作为直接检测学生对知识理解程度和掌握程度的一种有效手段，而且可以成为跨语言活动的必备技能。

在我国英语翻译教学中，往往重视语言的输入而忽视语言的输出，从而导致学生综合素养与实际应用能力薄弱。阅读是一种“输入”，翻译是一种“输出”，阅读与翻译相互促进。阅读是翻译的源泉和基础，翻译是阅读的升华和创造，英语阅读与翻译教学分别代表着学生对知识与信息的接收能力和输出能力。同时重视学生阅读与翻译能力的培养，有利于培养学生的实际应用能力，更有利于培养出高素质的英语人才。

由于笔者水平有限，本书难免存在不妥甚至谬误，敬请广大学界同仁与读者朋友批评指正。

前言

目 录

第一章　高校英语翻译教学概述

翻译是把一种语言表达的意义用另一种语言传达出来，以达到沟通思想情感、传播文化知识、促进社会文明，特别是推动译语文化兴旺昌盛的目的。为了促进中国英语翻译事业的发展，本章主要对翻译以及翻译教学的基本理论进行了全面阐述。

第一节　翻译的概念与本质

一、翻译的概念

中外学者对翻译下过不少定义，表述有简有繁，其中最著名、对翻译界影响最大的就是美国翻译家尤金·奈达下的定义。他认为：Translating consists in reproducing in the receptor language the closest natural equivalent of the source language message，first in terms of meaning，and second in terms of style.（所谓翻译，是指在译语中用最切近而又自然的对等语再现原语的信息，首先在语义上，其次在文体上。）

翻译究竟是什么呢？应该如何给翻译下定义呢？国内有关翻译的论著大多把翻译定义为用一种语言把另一种语言形式里的内容准确再现出来的语言实践活动，也就是把一种语言产物在所包含的内容信息不变的情况下改变为另一种语言产物的过程。从本质上讲，翻译就是一种语言转换活动，是人类交流思想过程中沟通不同语言的桥梁，使通晓不同语言的人能通过原文的重新表达而进行思想交流，使译文读者能得到原作者所表达的思想，得到与原文读者大致相同的感受。

翻译既是语言活动，也是思维活动，是同时运用两种语言表达思想内容的活动。它涉及不同语言、不同文化、不同风俗习惯，以及不同的思维方式等一系列问题，是一种由此语到彼语的逻辑思维过程。这个过程分三步：①分析，对原文的表层结构即原文的信息进行分析；②转换，把经过分析的信息从原语转换成译语：③重构，把传递过来的信息重新加以组织，最后使之完全符合译语的要求。但这个过程又必须置于交流之中，有其理论、方法和技巧。翻译是用完全不同于原文形式的译文来传达原文信息，必须尽可能准确无误。

概括地说，翻译是一门正处于探索中的科学。说它是科学，因为它有着自己的内在科学规律。它具有描写性，可以像描写语言一样对其程序和方法进行客观的、科学的描写，使之公式化。翻译更是一门艺术，是语言艺术的再创造。它再现原作内容的过程就是一种再创造的过程，在这种过程中，译者要在感受原作的局限、忠于原作意图的条件下，运用译语语言上的美学知识来重新塑造原文中已塑造出的形象。如果把写作比成自由舞蹈，翻译就是戴着手铐脚镣在跳舞，而且还要跳得优美。原著的创作不受语言形式的限制，而翻译既要考虑对原文的忠实，又要按照译文的语言规则来表达原文的思想。从这个意义上来讲，翻译并不比创作容易，有时甚至更难，但难度越大，其艺术性也就越高。翻译是一门永无止境的艺术，它的艺术美已经远远超出了语言范畴。翻译还可看作是一门技能，因为就其具体操作过程而言总是离不开方法和技巧的。但是总的看来，翻译是一门综合性的学科，集语言学、文学、社会学、教育学、心理学、人类学、信息科学等学科之特点于一身，在长期的社会实践中已经拥有了自己的一套抽象理论、原则和具体方法，形成了自己独立的体系。而且在一部分语言材料中这些方法正被逐渐模式化。可以肯定的是，随着时代的进步和科学的发展，翻译这门综合性的学科必将在理论和实践等方面变得更加完善。

二、翻译的本质

从本质上看，翻译是一个跨文化的双语语码转换和阐释、认知关联重建和文化语义信息再表达与再阐释的过程。从宏观上看，翻译是一种文化传播行为，译者翻译策略的选择受其价值取向的制约。

交际翻译观认为“翻译是一个动态的认知推理过程”。这个过程分为信息的解码（process A）和信息的编码（process B）两个阶段，涉及原文作者、译者和读者三个阐释主体和四个文本，即 To（原文文本表达的信息）、Ti（译者所接受和阐释的信息）、Tr（译语文本表达的信息）、Ta（译语读者所接受和阐释的信息）。在 process A 中，涉及原文作者、译者之间的动态交际，译者必须以源语文化为指向进行推理和阐释，以获取文本所表达的交际信息；而在 process B 中，涉及译者和读者之间的动态交际，译者必须以译语文化为指向进行推理和再阐释，以表达源语文本所欲表达的交际信息，整个交际过程的完成离不开原文作者、译者和读者三个阐释主体认知结构和认知语境的共享和互明。

翻译不是一个简单的语言文字的转换过程，而是一个跨文化的信息传播过程。翻译作为一种特殊的交际方式，整个翻译活动表现为传播者（源信息）、传播渠道、受众（目标信息）之间一系列因素的互动关系。翻译过程涉及两种语言和两种文化，要求译者把源语表达的信息用译语重新表达出来，使译语读者从译文中得到的信息等于或接近源语读者从原文中得到的信息。作为交际的翻译，一方面涉及语码转换，另一方面又涉及认知推理的重建。原文作者和译者构成第一轮的交际双方、译者和译文读者构成第二轮的交际双方。在跨文化交际中，最重要的认识问题就是关于意义的理解、阐释与再表达。翻译是语际间语言单位所含信息量的动态等值转换，以求在译语中最大限度地传达原文所包含的信息。但是，原文作者和译者、译者和译文读者的认知结构和认知环境都是游移不定的，他们对文本的阐释和理解会因为个人的认知环境而不同。翻译作为一种特殊的交际方式，涉及四个文本信息：原文文本表达的信息、译者所接受和阐释的信息、译语文本表达的信息、译语读者所接受和阐释的信息。

第二节 翻译的基本理念

一、严复的信、达、雅理念

严复于1898年在其《天演论·译例言》中提出了“信、达、雅”的翻译标准。他指出：“译事三难：信、达、雅。求其信，已大难矣。顾信矣不达，虽译犹不译也，则达尚焉。”

“信”者，其实就是忠实原意，不歪曲、不臆造，能够正确地从源语（source language）翻译到目的语（target language）。直至今日，“信”或“忠实”依然被视为翻译的首要原则。

“达”者，“通顺”也，应该扩大到句子、段落和文章层面，避免出现结构混乱、生搬硬套、逻辑不清的现象。

如：This song is the beginning of his fame.

A：这首歌是他的名声的开始。

B：这首歌是他的成名作。

译文A和B分别将“the beginning of his fame”翻译成“他的名声的开始”和“他的成名作”。若从字面看来，译文A更加忠实于原文，然而，汉语中很少会出现这样的表达，因此译文A就显得过于僵化，读来不够自然，很难得到读者的认可；与之相比，译文B显得自然通俗，避免了翻译腔，符合中文读者的表达习惯，因此更容易得到读者认可。

“达”是“信”的进一步，要是意思与原文不对应，再通顺也没有意义。所以，翻译唯有忠实了原意，然后才能去考虑通顺。通顺的过程其实就是语言的再组织，而合理“再组织”的实现就要求译者能够熟练运用母语或者“目的语”了。

“雅”者，即严复所说的“尔雅”“古雅”。这一标准在现代已被赋予了新的含义，要求译文的风格要与原文的风格保持一致，而不是在任何情况下以优雅、文雅、高雅为准绳。例如，若将“It happens in Hilton.”翻译成“盛世聚首，尽在希尔顿”可谓佳作；而将“The Merry Widow”译成稍显世俗的

《风流寡妇》似乎比高雅的《风流遗孀》更能吸引眼球；将“Damned！ Go to hell！”译成“该死！见鬼去吧！”也不会因为言语粗俗而遭读者唾弃，相反，若是弄出个文绉绉的之乎者也，反倒是对原文的不忠实。

随着时代的进步，人们不断赋予“信、达、雅”新的内涵，使它焕发出新的生命活力，如“雅”不再是“古雅”，而是指译文的美学价值，能带给读者艺术上的享受和精神上的满足。时至今日，“信、达、雅”翻译标准对于人们的翻译实践活动仍然具有重要的指导意义。

二、傅雷的“神似论”

“神似论”是傅雷在《高老头》译序中提出的。他指出，“以效果而论，翻译应当像临画一样，所求的不在形似而在神似。以实际工作论，翻译比临画更难。临画与原画，至少素材相同（颜色、画布、纸或绢），法则相同（色彩学、解剖学、透视学）。译作与原作，文字既不同，规则又大异，各种文字各有特色，各有不可模拟的优点，各有无法补救的缺陷，同时又各有不能侵犯的戒律。要传神达意，铢两悉称，自非死抓字典，按照原文句法拼凑堆砌所能济事的”。

“神”与“形”存在本质上的区别。单就艺术角度而言，体现原作精神的神韵必然高于为传达此种神韵而存在的形式。然而，若是把“重神似不重形似”片面地理解为只要“神”而抛弃“形”，却也难免有失偏颇。

傅雷提出“重神似不重形似”的观点，并不是要割裂文学作品中“神”与“形”的联系，而是要在了解“神”“形”差异的基础上，突出“神似”的重要性，旨在告诫囿于语言的译者努力超越语言，进而与原作者进行精神层面的对话。

如果说，“神似”与“形似”在纯粹的文字层面上是对立的，那么在更高的艺术层面上两者则是统一的，因为“形”是“神”的语言外壳，“神”是“形”的精神内核。罗新璋对此曾做过进一步阐释：“神似，也即传神，顾名思义，就是传原文的精神，透过字面，把字里行间的意蕴曲达以出……各种文字各有特色，有许多难以互译的地方，而翻译绝不是直线似的字当句对，而是多层次的传神达意。”由此可见，文字是传达精神的依托，倘若抛却文字的支撑，天马行空地一味追求“神”，则最终其“神韵”也必将成为虚无缥缈之物；但如果只是“字当句对”地翻译，译作又会沦为艰涩难懂的欧化文本，原作的神韵、意象也必然荡然无存。因此，“重神似不重形似”是“神”与“形”的辩证统一，是“神”与“形”的和谐并存，是超越“形”之后的“神”的对等。

就此而论，“神似论”正是傅雷在翻译美学高度所坚守的忠实观。忠实始终是译界所秉持的最重要准则，一切译作必须首先以忠实的尺度衡量，恰恰是忠实构成了翻译区别于创作的标志性特征。“神似”，即译作与原作在风格、意象、韵味等方面的对等，是精神上的传情达意，是艺术角度或者美学追求上的近似。可以说，“神似论”的提出是傅雷经过多年的艺术熏陶和艺术修炼之后，在翻译美学层面上对“忠实”的精辟概括。

从语言到风格，从形似到神似，傅雷的翻译思想通过“神似论”的提炼形成了一个有机整体。“神似论”不仅是傅雷毕生从事文学翻译事业的自身追求与真实写照，同时也是傅雷对严复以来我国五十年的翻译经验的总结，突破了之前仅仅局限于语言转换层面的对于翻译的狭隘理解，从而引领我们进入更为广阔的艺术天地，在某种程度上构成了翻译美学的源头。

三、钱钟书的化境论

钱钟书的化境论说明了翻译的最高理想。1964 年，钱钟书在《林纾的翻译》一文中首先说明了“化”字的由来和意义，而后提出了“化境”的概念：

“文学翻译的最高理想可以说是‘化’。把作品从一国文字转变成另一国文字，既能不因语文习惯的差异而露出生硬牵强的痕迹，又能完全保存原作的风味，那就算得入于‘化境’。”

钱钟书先生认为文学翻译的最高标准是“化”。他还说：“好的译文应当仿佛是原文作者的译入语写作。”

总之，好的翻译能够提高读者对于原著的兴趣，促使读者去读原著；而不好的翻译则会伤害原著，使读者对两者都不会产生兴趣。译者作为原文和译文的中间人，必须尽其所能达到“化境”。

四、许渊冲的三美论

在翻译界，诗歌翻译的代表当属许渊冲。他从事文学翻译长达 60 余年，译作涵盖中、英、法等语种，被被誉为“诗译英法唯一人”，成就卓越，著作等身，且在翻译理论上也颇有建树。20 世纪下半叶，许渊冲基于鲁迅在《汉文学史纲要》中所说的“意美以感心、音美以感耳、形美以感目”提出了“三美论”，即“诗歌翻译不仅应忠于原文，还应做到‘意美’‘音美’和‘形美’”。

许渊冲曾经谈到自己在翻译杜甫《登高》里的两句诗“无边落木萧萧下，不尽长江滚滚来”时是如何做到“意美、音美、形美”的。“无边落木”的“木”后面接“萧萧”，两个草字头，草也算木；“不尽长江”中的“江”是三点水，后面的“滚滚”也是三点水，翻译成英文时要体现这一形美的特征是难以做到的。许渊冲先生把这两句诗译成：“The boundless forest sheds its leaves shower by shower；The endless river rolls its waves hour after hour.”这样，草字头就用重复 sh（sheds，shower）的译法，三点水则用重复 r（river，rolls）和 hour 的译法，体现了原诗的音美和形美，与原文的风格保持一致。

许渊冲指出，译文要再现原文的意境美，比如象征义、双关义、深层义、言外义等，即“意美”；“音美”主要指平仄、节奏、双声、叠韵、押韵等；而“形美”则要求译文尽可能保持原诗的形式（如长短、对仗等）。翻译时最重要的是意美，其次音美，再次形美。当译文满足意美的要求时，尽可能做到音美和形美，即三美齐备则达到了诗歌翻译的最高境界。迄今为止，“三美论”都对诗歌翻译起着重要的指导作用。

五、其他翻译理念

1. 鲁迅的“信顺说”

鲁迅是中国近现代伟大的文学家、思想家和革命家。对于翻译标准，他主张“信顺”兼顾。他在《且介亭文二集》中指出，“凡是翻译，必须兼顾两面，一当然力求其易解，一则保存着原作的丰姿”。针对当时社会过分追求意译而“牛头不对马嘴”的胡译、乱译现象，他提出了“宁信而不顺”的原则。他认为既然是对异国语言文化的翻译，翻译就要有异国情调，就是所谓的“洋气”。

2. 林语堂的“忠实、通顺、美”原则

林语堂提出了“忠实、通顺、美”的标准。这一提法实质上是将严复的标准进行了继承与拓展，用“美的标准”代替了严复“雅”的标准。林语堂认为译文不但要求达义，并且要以传神为目的，必须忠实于原文之字神句气与言外之意。

3. 辜正坤的“翻译标准多元互补论”

辜正坤提出了“翻译标准多元互补论”。所谓“翻译标准多元互补论”，是“一个由若干个具体标准组成的相辅相成的标准系统，它们各自具有其特定的功能”。辜正坤认为具体的翻译标准应该是多元的而不是一元的。翻译标准可以分成抽象标准和具体标准两大类，这两大标准构成一个互相制约和补充的有机系统。其理论的要点包括以下几个方面：

（1）翻译标准是多元的；

（2）多元标准是互补的；

（3）具体标准中又有主标准和次标准的区别，主标准也称为“可变主标准”。

辜正坤认为，“翻译应该博采众长，使译文无限接近原文”。由于文学接受者（含翻译工作者）的文化素养和审美心理有差别，对译文价值的认可程度会出现差异，因此，翻译标准就会因人而异，其结果是没有也不可能有一个绝对的标准。翻译的标准应该是多元化的，而且各种标准只有在互相补足的情况下才能发挥自己的优势，才能成就上佳的译文。

4. 刘重德的“信、达、切”

刘重德在其著作《文学翻译十讲》中提出了信、达、切的“三位一体”翻译标准。

（1）信：信于内容，指内容的忠实性。

（2）达：达如其意，指句子的表达性。

（3）切：切合风格，指风格的贴切性。

刘重德用“切”替代了严复的“雅”字。他认为“雅”即所谓的“尔雅”或“文雅”，实际上是很多风格中的一种，翻译起来不能一律要求“雅”，而应该实事求是、恰如其分，切合原文风格。“切”是个中性词，适用于各种不同的风格。

5. 纽马克的“文本中心论”

纽马克提出了“文本中心论”。他把要翻译的对象看成文本，并根据语言的功能把文本分为三大类：表达型、信息型和呼唤型。表达型包括严肃的文学作品、声明和信件等；信息型包括书籍、报告、论文、备忘录等；呼唤型包括各种宣传品、说明书和通俗小说等。纽马克认为，不同的文本应该用不同的翻译方法，又把翻译方法分为语义翻译和交际翻译两种，前者强调忠实于原作“原作者”；后者强调忠实于译作“读者”，不同的评价标准，不同的“等效”要求。

6. 奈达的“读者反应”

奈达主张把翻译的重点放在译文读者的反应上，应当把译文读者对译文的反应和原文读者对原文所可能产生的反应进行对比。关于翻译的实质，奈达认为“翻译的实质就是再现信息”。奈达认为，判断译作是否译得正确，必须以译文的服务对象为衡量标准，“衡量翻译质量的标准，不仅仅在于所译的词语能否被理解、句子是否合乎语法规范，而在于整个译文使读者产生什么样的反应”。因此，奈达主张译出各种不同的供选择的译文，让读者检验译文是否明白易懂，所以一个好的译者总是要考虑对同一句话或一段文章的各种不同的译法。

总之，奈达把读者因素纳入翻译标准里，对翻译标准研究影响重大。

第三节　翻译的过程与译者必备的素质

一、翻译的过程

（一）理解

理解是翻译的基础，没有准确、透彻的理解，就不可能有表达的“忠实”和“通顺”。理解和表达是相互联系、往返反复的统一过程，理解过程是表达的准备过程，而表达过程又会进一步加深理解，在翻译实践中很难将它们截然分开，因此理解作为翻译过程的第一个环节，其重要性是毋庸置疑的。

理解过程是译者运用语言知识、百科知识、文化背景知识、逻辑推理等手段对原文语义进行筛选、辨别和确认的过程。这个过程的完成常常需要多次的往返反复，涉及语言分析、语境分析、逻辑分析等过程。

1. 语言分析

语言分析是指译者运用已掌握的语言知识，或借助于字典，对原文进行的语义辨别、语法分析，其目的在于捕捉原文的确切含义。

2. 语境分析

原文的理解还涉及语境分析。语境分析是指通过语境来确定语义的方法。语境可以分为语言语境和非语言语境，前者指上下文，包括词与词的搭配、呼应、指代等关系，后者又可分为情景语境和文化语境。情景语境指语言交际活动的话题、时间、地点、场合、参与者等相关背景知识，文化语境指特定社会的文化、政治、经济、风俗、宗教等因素。

语境分析在翻译的理解阶段发挥着重要的作用，忽视语境分析，或语境分析失误常常会导致理解和表达的失误。

非语言语境对于翻译的理解过程也是非常重要的，由于不同民族的历史文化、地理条件等方面存在着巨大的差异，只有充分考虑和熟悉这些背景知识，才能做到理解透彻、表达准确。

3. 逻辑分析

帮助正确理解原文的另一个重要手段是逻辑分析。所谓逻辑分析就是检查译文中词句之间的语义关系是否符合逻辑、言之有理，是否有自相矛盾或牵强附会之处，如果有上述现象，则说明理解一定有误。

（二）表达

表达阶段的任务是译者将自己理解的内容用译语表达出来，要求译文做到“忠实”“通顺”。然而，要做到“忠实”“通顺”并非易事，涉及的问题很多，但核心问题是如何处理好内容与形式、直译和意译之间的关系。

1. 处理好形式与内容的关系

任何语篇都是内容和形式的统一体。内容的表达需要借助一定的形式，特定的形式往往表达特定的内容。因此，要做到忠实于原文，就要求译者既善于移植原文的内容，还要善于保留其原有的形式，力求形神兼备。所谓的“形式”，一般包括作品的体裁、结构安排、形象塑造、修辞手法等。译文应尽可能将这些形式体现出来，借助“形似”更加充分地传达原文的内容。

2. 处理好直译和意译的关系

表达过程中必须注意的另一个问题是处理好直译和意译的关系。尽管直译和意译作为两种不同译法自古有之，但什么是直译？什么是意译？如何处理两者的关系？对于这些问题，人们一直存有争议。人们对于直译和意译的认识也是不断发展变化的，如果说二十世纪四五十年代人们认为直译就是指照字面译，意译指挣脱原文形式的拘束，追求译文的通顺，直译和意译的关系是对立的，那么，二十世纪七八十年代人们对直译和意译的理解就更加全面、更加兼容。

首先，直译和意译是相通的，它们都必须忠实于原文的内容，不忠实于原文的直译不是真正的直译，而是硬译或者死译；不忠实于原文的意译也不是真正的意译，而是乱译或者歪译。其次，直译和意译是有区别的，直译更重视原文形式的传递，而意译则更追求译文形式的通顺。

对于如何选择直译和意译，许渊冲认为，一是译文和原文相同的形式能表达和原文相同的内容时可以直译，不能表达时就意译；二是原文的表达形式比译文精确、有力时可以直译，译文的表达形式比原文精确、有力时可以意译。因此，直译和意译是相辅相成、互为补充的，都服务于忠实原文这一根本目标。在翻译实践中，选择意译的情形主要有：

（1）译文采用原文的形式不能表达与原文相同的内容；

（2）在译文中采用不同于原文形式能够更加准确、有力表达原文的内容。

（三）审校

审校是翻译过程的最后一个步骤，但并不意味着可有可无，因为再细心的译者也难免会出现疏漏，再有功力的译者也难以一挥而就，做到“一字不易”。国内外翻译学者都非常重视审校工作，纽马克主张用来审校的时间应该是翻译所用时间的 50% ~ 70%，即使是考试，如果时间为 3 小时，审校时间至少需要 35 分钟。庄绎传建议在译完初稿后，放上几天后再修改，这样效果更好，如果能把译文朗读一下，自己亲耳听一听，对修改译文也是大有好处的。

孙致礼认为，译者翻译完之后，至少需要审校两遍：第一遍，对照原文校对，检查有无疏漏、误译的地方；第二遍，脱离原文审校，检查有无生硬拗口的地方，如果所译文本比较重要，且时间充裕，可以审校第三遍。

审校的目的有两个：一是检查译文是否精确，二是检查译文是否自然、简练。

首先，检查有无漏译、误解和误译。译者要对照原文，逐词、逐句、逐段地检查译文，把自己的疏漏、失误或不确切之处找出并纠正过来。为此，译者必须培养严肃认真、一丝不苟的学风，在审校过程中做到“眼到、心到”，这样才能发现问题、纠正错误，否则审校就会流于形式，起不到应有的作用。

常见的漏译、误译的内容有：

（1）数字，包括时间、数量；

（2）人名、地名；

（3）专业术语；

（4）成语以及其他固化的表达结构，包括各种修辞手法和修辞习惯。

对于这些内容，译者在审校过程中应该多加小心，否则极易视而不见，让错误从眼皮底下溜走，最终影响译文的质量。

二、译者必备的素质

（一）译者应具备的基本素养

1. 熟练掌握英文

进行英译汉时，要求译者对英语有良好的掌握，即对英语的语法、习惯表达和某些专业词汇要熟练地掌握。只有具备深厚的英语功底，才能保证对原文的理解准确和深透，才能最大限度地避免理解偏差，避免望文生义和词不达意。可以说，对英语的良好掌握是做好翻译的前提和基础，是从事翻译的首要要求之一。

2. 高度的责任意识

译者可以说是文化传播的使者，他们承担着跨文化交流的伟大重任。因此，具备高度的责任感意识是翻译工作者最基本的素质要求。面对客户的无比信任，译者应尽职尽责，切莫急功近利。在具体的翻译实践过程中，翻译工作者也应本着负责、严谨的工作作风，认真、仔细地通读原文，理清其中的逻辑关系，务必深刻透析和把握原文的语言、文化意义，并用准确、得体的目标语进行翻译。针对原文材料中的任何细枝末节，都应保持高度警惕的信息意识。总而言之，在当今竞争日趋激烈的社会各行业，译者具备高度的责任意识是其从事翻译工作最基本的素养。

3. 扎实的双语功底

翻译是牵涉源语和目的语两种语言的活动，译者进行英汉翻译，必须熟悉英汉两种语言的异同和具有较强的双语言应用能力，才能够在翻译中得心应手、驾驭自如。

译者要想做好翻译，必须夯实语言基本功，不仅要有上乘的中文功底和自己母语语言的高水平理解运用能力，还要具备全面的英语语言知识，积累大量的英语词汇及习惯表达法。

此外，译者还应多阅读中英文原著，提高自身文化素养和对源语文化的感知能力，否则，翻译时如果对原文一知半解，很难把原文很好地传达，抑或外语不精通，不能正确理解英文原著的思想内容，更谈不上把握作者的语言风格、神韵色彩和思想脉络，许多错译都是源于此。

4. 广博的背景知识

翻译是跨文化交际的媒介，对于英汉、汉英译者而言，除了应具备扎实的英汉语言功底外，还应具备广博的文化知识。文化知识从广义上讲应主要包括两大方面。

（1）文化背景知识主要涉及政治、经济、军事、外交、历史、地理、风土人情、民族心理、自然风貌、文学艺术、文化传统、宗教信仰等，以及由两种语言所反映的文化差异。

（2）翻译工作所涉及相关领域的专业知识。例如，翻译科技著作，必须掌握相关的科技知识；翻译人文社科文章，必须懂得相关的人文社科知识；翻译文学作品，必须具有一定的文学素养。

如此一来，译者才能尽量避免一些文化内容上翻译的差错。鉴于各科知识都有彼此交叉、触类旁通的特点，每个译者还要广泛掌握与自己的专业知识有密切联系的相关知识，如翻译哲学著作，需要具有丰富的文史知识，甚至要懂得一点自然科学；翻译医学著作，至少要懂得一点生物学与化学，甚至要掌握一些心理学知识等。如果经常涉及某个领域的翻译，译者最好能够系统地学习该专业的一些基础知识。

（二）翻译者应具备的专业素养

翻译不是盲目的活动，它要求译者具有良好的专业素养。译者的专业素质对翻译的顺利进展起着非常重要的作用，主要体现在以下几个方面。

1. 扎实的翻译理论知识

译者应掌握各类翻译技巧和基本的翻译理论知识。翻译技巧是经实践检验过行之有效的翻译方法，熟练地掌握有利于在实践中灵活的使用。翻译理论知识可以帮助译者更好地了解翻译的性质、标准、过程等，有利于翻译工作上的理论性指导。

2. 保持知识、理念层面与时俱进

作为译者，通过长期积累并获得广博的专业知识是其基本的素质。同时，在平常的翻译实践中，译者还应保持知识、理念层面的与时俱进，也唯有此，才能不断提升专业素养。近些年来，技术领域的新知识层出不穷，科研成果取得了飞速发展，如干细胞研究、纳米技术等词汇不断涌现，各学科之间的交叉和渗透也逐渐明显。因此，译者也应时时跟进各学科领域的发展，保持知识、更新理念，为最优化完成翻译任务做铺垫。

3. 熟练掌握网络搜索、引擎的相关技巧

面对新时期信息的爆炸现象和新事物、新现象的快速海量涌现的情况，原来预先储存知识的学习模式已经不能满足当前所需，优秀的译者还应向“即学即用”的趋势发展，熟练并掌握多种网络搜索、引擎技巧。之所以要培养这一专业素养，是因为很多新出现的名词在字典中未必能找到，即使能找到也要花费很大的时间和精力，而掌握多种网络搜索、引擎技巧能提高学习效率，节省时间成本。

总而言之，翻译是科学、技巧以及艺术等的综合，作为新世纪、新时期的译者，只有具备了必须的基本素质和专业素质，才能在工作中游刃有余。

第四节　翻译教学的内容与原则

一、翻译教学内容

（一）翻译的发展历史

翻译是一种重要的文化活动，是源语文化与目的语文化之间的交流与对话。尤其是对目的语文化来说，翻译扮演着非常重要的作用。让学生了解中国历史上的几大翻译高潮，可以使他们了解中国文化发展的脉络，尤其是翻译对丰富中国文化、科学技术、文学、思想等方面的作用。但是由于翻译教学的学时有限，一般每周为 2 课时，所以这一部分内容不应由教师长篇累牍地讲授，而是可以将中国历史上的几次翻译高潮用人物串起来，让学生课下查找资料，课上向其他同学讲述。例如，在翻译课上可以选择中国翻译史上的以下人物：支谦、道安、鸠摩罗什、玄奘、徐光启和利玛窦、徐寿和李善兰、林纾、严复、鲁迅、傅雷、郭沫若、杨宪益和戴乃迭（共 12 组），授课对象每个大班在 48 人左右，分成 12 组，每组 4 人，然后抽签决定每个小组讲哪个人物。讲述内容包括人物生平和社会背景、翻译实践、翻译理论和影响共四个方面。每周课上前 15 ~ 20 分钟讲其中一个（组）翻译家的故事，12 周完成，讲解的语言可以是中文，也可以是英文，但是最好使用中文，毕竟翻译课上中文与英文一样重要，尤其是讲到佛经时期的几个翻译家，其中有很多关于佛经的英文单词，如果用英文讲解其他人可能会丧失兴趣，或对信息把握有漏。对于讲解特别到位的，教师不需要太多补充，只需要对小组的讲解做一个小小的总结，对于讲解稍微欠缺的，教师可以稍作补充。

（二）英汉语言文化对比与翻译方法

翻译教学应该把主要时间放在学生翻译能力的培养上，也就是翻译技能的培养上。正如杨柳、张柏然指出：“对于大学生这批未来译者行业的主力，在选材上就应以面向社会实践的主体为主。”翻译教学要让学生真正掌握一些翻译技巧、学到一些规律，就必须重视两种语言的对比，因为通过对比才会真正意识到译文是否地道，也就是说，只有重视两种语言的对比，学生才能真正知道如何翻译，而且知道为何这样翻译。可见双语对比在翻译教学中的重要性。实际上，早在我国南北朝时期，道安法师就已经意识到两种语言的不同对翻译的影响。他提出了翻译“五失本”和“三不易”。“五失本”中的前两条就是关于两种语言对比的内容，这两条是：“一者，胡语尽倒而使从秦，一失本也；二者，胡经尚质，秦人好文，传可众心，非文不可，斯二失本也。”其中第一条就是两种语言的语序不同，第二条是两种语言背后的思维和审美不同，翻译要根据两种语言的不同做出调整。

关于翻译中要重视双语对比这一论断，现当代的翻译学界也已基本达成共识。早在 1959 年，雅可布逊就在《翻译的语言问题》一文中提出：

两种语言之间的对比必然包含对双语可译性的考察。语际之间的广泛交流，尤其是翻译活动，必须成为语言科学长期详细研究的对象。迫切需要编纂对比性的双语词典，这一做法的理论和实践意义非常重大，此种词典要详细对比两种语言中对应语言单位的内涵和外延。同样，双语对比语法应该确定两种语言在选择和限制语言概念上有何种联系，又有何种区别。

中国著名语言学家吕叔湘曾经在《中国人学英语》的修订本序中说过："我相信，对于中国学生最有用的帮助是让他认识英语和汉语的差别，在每一个具体问题——词形、词义、语法范畴、句子结构上，都尽可能用汉语的情况跟英语作比较，让他通过这种比较得到更深刻的领会。"

英汉对比研究于 20 世纪 90 年代在我国处于研究的兴盛期。进入 21 世纪以来，中国译学界受到西方"翻译的文化转向"这一潮流的影响，更多学者从文化角度研究翻译。但是，21 世纪译学界的研究更多关注了译介学以及描述翻译学（即将"翻译"作为一种文化现象来阐释），而实际上，从翻译的具体操作层面看，英汉对比并没有过时，因为翻译实践过程中译者需要更多地考虑两种语言在词汇、句法和语篇上的异同，在经过细致的比较之后才能更好地选择对应词，才能使句子读起来更像目的语，才能更好地将原语语篇译成地道的目的语语篇，使译文更好地为目的语读者所接受。翻译过程要重视语言的对比，因此翻译教学就更应该教会学生通过英汉对比掌握一定的翻译原则和技巧。吕叔湘认为："比较是要注意英语和汉语的不同之处，让学习者在这些地方特别小心，这是极应该的。"而且，吕叔湘主张教师要帮助学生对双语进行比较，因为要不帮着学生去比较，他自己会无意之中在那儿比较，而只见其同不见其异，那就是"比附"了。吕叔湘这里论及的虽然是英语本身的语言教学，但对翻译教学有着很大的启发意义。刘宓庆也提出，翻译实务教学第一条基本思路就是"应着眼于双语对比，特别是双语差异，使学生深明'知己知彼，百战不殆'之理，实际上这也是传播学的基本原理之一"。他认为要"以充分的语言实例展示汉英双语之间的差异"。蔡毅指出，从语际等值的角度出发，及时地把对比语言学的有关研究成果引入翻译理论和翻译教学，从而充实翻译教学的内容是一项极为重要的任务。

在研究翻译教学的过程中，金萍指出，对于双语学习者和翻译初学者来说，"对英汉两种语言的对比分析，有利于语言意识的培养和避免母语的干扰"。由此可见，在翻译教学中将两种语言的对比作为翻译教学的内容是多么重要的任务，有着多么重要的作用。

除两种语言的对比外，还应重视两种语言背后文化的对比。不同民族因为居住环境和生活习惯不同，其形成的文化也会存在很大的差异，而文化又会对翻译的具体操作产生影响，这种影响有时会是一种“制约”，甚至成为翻译中的“难题”或“瓶颈”，因此翻译与文化之间的关系非常密切。换言之，翻译不单单是语言转换的问题，而是与文化有着千丝万缕的联系。正如戎林海指出：

“翻译问题不单单是个语言问题，在很大程度上，与文化因素、背景知识有着重大关系，受着它们的影响和制约。一般说来，一种语言中的纯语言障碍可以比较容易地在另一种语言中得到克服。但是，要克服文化上的差异及其在语言上的反映则比较困难。”

包惠南认为文化的差异给翻译带来的困难表现在五个方面，即词汇空缺、词义冲突、语义联想、语用涵义、民族心理差异。因此，要想真正传达原文的信息，译者不仅要精通两种语言，更要精通两种语言背后的文化。正如刘宓庆指出：“译者必须努力学习，不仅是在语言上下功夫，还必须在文化上下功夫，以提高文化意识。提高文化意识是文化信息感应力的前提，也可以是一种驱动力。”例如，英国是岛国，而中国是大陆国家，所以在比喻花钱浪费或花钱大手大脚时，英语会使用“spend money like water”，而汉语则用“挥金如土”，这里就可以看出“水”文化和“土”文化对两种语言的影响；在比喻一个东西不伦不类时，英语使用“neither fish nor foul”，而汉语则使用“非驴非马”，由此也可以看出英语背后岛国文化和海洋文化及汉语背后大陆文化之间的差异。英语中有许多关于船和水的习语，证明了生存环境对语言的形成有重要影响，如 to rest on one's oars（暂时歇一歇）、to keep one's head above water（奋力图存）、all at sea（不知所措）等。

由此可见英汉语言和文化对比在翻译教学中的重要地位。在翻译教学中要做到英汉对比，就应该保证英汉双语翻译同步进行教学，这样才更为科学，才能取得更好的翻译教学效果。在两种语言对比的基础上归纳翻译技巧具有一定的科学性。这些翻译技巧已经在不少翻译教材中提及，包括“选词、转换、增补、省略、重复、替代、变换、倒置、拆离、缀合、阐释、浓缩、重组，以及时态、语态、语气、习语、术语等的译法，都集中地体现了英汉的不同特点”。教师在讲授英汉句式结构对比及翻译时，应该注重让学生了解英汉句式结构的异同，尤其是英语句子均为主谓结构，而汉语句子有相当于英语主谓结构的句子，更有话题——评述句和无主句转译为英语的主谓句，然后着重探讨后两种句子结构类型在译成英语时如何变成英语的主谓结构，同时还应讲授如何将英语的某些主谓句转译为汉语的话题——评述句和无主句。

（三）译文评析

在有限的翻译课时数当中，教师要合理安排一定的时间让学生进行译文评析。译文评析可以是对某一学生完成的优秀译文进行评析，也可以对某一名家的译作进行赏析，当然也可以对一份质量不高的译文进行评析。对译文进行评析不仅有助于学生认清优秀的译文标准，更重要的是培养了学生的批判思维模式。批判性思维是一种探究性的思维模式，在现代社会已被普遍确立为教育目标之一，特别是高等教育的目标之一。虽然批判性思维可以追溯到古希腊哲学家苏格拉底，但真正将批判性思维作为高等学校学生的思维进行探讨却是在二十世纪六十年代。当然，约翰·杜威早在 1909 年就对批判性思维进行了定义，认为批判性思维是个体对于任何信念或假设及其所依据的基础和进一步推导出的结论所进行的积极、持久和周密的思考。著名的批判性思维研究专家罗伯特·恩尼斯对批判性思维的定义比较简单，他认为批判性思维是个体以后天的客观经验为基础，为决定相信什么或做什么而进行的合理的、反省性的思维。二十世纪八十年代末，美国哲学学会将批判性思维的界定以及批判性思维在教育中的作用阐释如下：

“我们认为批判性思维是有目的的、自我调节的判断力。这种判断力表现为解释、分析、评价、推断以及对判断赖以存在的证据、概念、方法、标准或语境的说明。批判性思维是一种不可缺少的探究工具。由于这个原因，批判性思维是教育的解放力量，是一种私人生活和公众生活的强大资源。虽然批判性思维不完全等同于好思维，但批判性思维是人类普遍存在的、自我校正的现象。理想的批判性思维者通常具备下列特质：勤学好问、信息灵通、信赖理智、胸怀宽广、适应性强、公正评价、诚实对待个人偏见、谨慎判断、乐于再三斟酌、头脑清醒、在复杂的事物中有条不紊、不懈地查找相关信息，理性地选择判断标准，专注于探究，寻求学科和探究所允许的精确结果。因此，培养好的批判者就是朝这个理想努力。它把批判性思维技能的培养与批判性思维品质的培养结合起来，也是理性和民主社会的基础。”

由此可见，批判性思维作为一种不可缺少的探究工具，可以引入教学中的各个学科，没有明显的学科边界。因此，在翻译教学中可以适度引入批判性思维，其中译文评析便是批判性思维最明显的表现。对某一现成的译文进行评析，分析其可取之处和不可取之处，或者就某一位学生的译文进行评析，找出其译文的亮点和错误之处，尤其是一边根据英汉对比知识和文体知识对错误的表象和原因进行归类，一边进行纠错。关于评析某一学生的译文，教师可以布置将一些篇章做成电子版，课堂上请一名学生在台上展示自己的译文，并说出自己翻译过程中的一些困惑，其他学生则对其提出的困惑提出解决的办法，并就译文出现的其他问题进行纠错，教师在这一过程中扮演引导者的角色。译文评析的方法可谓是“培养他们批判性思维能力的宝贵教学资源：学习者们在教师指导下，通过错误分析去识别、判定自己译文中的正误，并对产生的错误进行分类、析因和评价，有利于激发他们的学习兴趣，养成积极主动的学习习惯”。

二、翻译教学的原则

（一）语篇性原则

翻译当中最主要的问题大多是语言问题，离开了语言，一切都是空话。皮之不存，毛将焉附？对语言转换规律的研究应放在更加宽泛的框架里进行。描写翻译研究中的语篇语言学方法给翻译的理论与实践以许多启示。翻译研究的语篇语言学方法（途径）是传统语言学途径的发展，重视的是语篇分析和语用意义，其研究对象不仅仅是原文和译文两种语言体系，而且还涉及语言体系以外的各种制约因素，包括“情景语境”和“文化语境”。这种模式认为，意义并非由语言结构本身决定，而是由整个语篇（语言体现形式和交际功能）来决定；翻译中传递的是原文的语言含义和语言使用（即交际）功能。这同韩礼德的功能语言学理论不谋而合，因为功能语言学最关注的也是运用语言进行交际。张美芳、黄国文总结出传统语言学翻译研究方法与语篇语言学翻译研究方法的三点差异：①传统语言学翻译研究方法的重点在句子，认为意义由词与句决定，而语篇语言学翻译研究方法的重点是整个语篇，认为意义通过语言结构来体现；②前者把翻译对等的概念建立在词、句层面上，而后者则认为翻译对等建立在语篇和交际层面上；③前者的研究对象只是语言，而后者的研究对象不仅是语言系统和言内因素，而且还包括言外因素（包括“情景语境”和“文化语境”）。在语篇翻译教学中，教师应该深化学生对文化语境和情景语境在语篇理解和构建过程中的作用。文化语境方面强调翻译过程中对文化词语和文化形象的处理，以及不同文化对语篇结构和表达方式可能造成的影响。情景语境强调情景对语篇的定义作用。

根据纽伯特和施里夫的观点，以传统语言学模式操作的翻译过程是一个从词及其互不关联的意思开始的自下而上的过程，这种过程产生出来的译品，很难被目的语读者认同；而语篇语言学方法则把翻译看作是一个自上而下的过程，即先决定译文在目的语文化中的属性或类型及其交际功能，再通过一个个的语言结构来体现预定的语篇。在翻译实践中，要重组（建构）一个适用于目的语社会的语篇，并非取决于表层结构（如一个个句子）的转换，而是自上而下地、有目的地选择语言资源，对整个语篇进行重写。纽伯特和施里夫认为，在动手翻译之前，译者的脑子里首先有一个“虚构译本”，在翻译的过程中，他“对语言的选择受控于‘虚构译本’；目的语中的资源为虚构译本转变为真实译本提供了材料”。因此，翻译并不仅仅转移原文的意义，而是转移原文的交际价值。

其实，纽伯特和施里夫的“虚构译本”就是图式。图式是语义记忆里的一个结构，对一群信息的一般排列和期望排列作出规定。图式就是译者自己的世界知识、百科知识及其他背景知识片段的集成。它以相对独立的形式形成框架，保存在人大脑的记忆中。“当人们缺乏一个与正在展开的故事相适应的图式时，理解和记忆都会很困难，因为他们无法理解所描述的事件的含义。”图式保存在人们的记忆里，要激活它们就离不开对语篇进行分析，只在词和句的级层上是办不到的。通过语篇分析激活了的源语语篇中的图式才能在译语语篇中全方位地建立起来。实际上，图式是人们用于感知世界的内在结构，也可称为背景知识。在语言学研究中，图式理论常常用于研究母语及以英语为外语的语言交际过程。该理论描述了人们如何将获得的知识贮存在大脑中，并相互关联形成完整的信息系统。图式阅读理论和图式听力理论是在母语研究的基础上应运而生的。根据图式阅读理论和图式听力理论，阅读理解和听力实际上是输入的信息与头脑中已有知识的交互作用过程，在阅读和听力过程中，图式会帮助人们处理信息。处理信息的方式有两种：自上而下和自下而上。前者帮助读者和听众宏观地了解材料内容，确定其中心，在词义和语义上做出正确的选择；后者帮助读者和听众发现新信息以及与原假设不同的信息。其实，图式理论在翻译（笔译和口译）领域也是同样适用的。阅读理解和听力理解是翻译过程的第一步，对输入的信息没有正确的阅读理解和听力理解，是无法正确进行笔译和口译的。同样，在信息产出的过程中，图式理论起着重要的作用，译者必须了解目标语图式并在大脑里建立正确的目标语图式，才能产生出为目标语读者和听众所接受的信息。在翻译过程中，译者头脑里的图式应该是动态的，即将正确的源语图式转换成正确的目标语图式，因此，译者必须熟谙翻译所涉及的两种语言相关的背景知识。对源语语篇的理解，可以帮助读者和听众激活源语图式，而目标语语篇的生成就是激活目标语图式，从而建立为目标语读者和听众接受的语篇的过程。

（二）层次性原则

层次性原则是指翻译教学既要遵循知识由浅入深的逻辑顺序，使之呈现出自身的系统，又要符合学生认识发展和技能掌握的过程，不可强行跳跃、超级教学。这里把翻译教学的层次性原则归结为以下两点。

1. 翻译技能发展维度

翻译技能须按照“语法—语义—语用”三个层次发展。

根据相关调查，翻译教师认为学生的语法能力“很强”和“较强”的仅占 26.4%，认为“一般”和“较差”的占到 73.6%。比如，在翻译教学中有这样一个句子：向西望去，一幢巨大的栈房耸立在那里。有三分之一的学生译为：Looking west，there is a huge warehouse towering there. 当然，语法的错误不一定要翻译教师亲自纠正，学生可以通过互相检查、讨论、评价之后再提交语法无误、衔接合理的译文，而教师能将精力集中在语义和语用两个层次上。

语义层次的翻译教学要求学生在语法正确的基础上，做到正确阐释概念意义、内涵意义、文体风格意义、情感意义，从而使译文的意义准确无误。

语用层次的翻译教学要求学生能够根据文本类型、翻译目的、读者对象对源文内容进行筛选、过滤，使之符合特定的语篇规范，进而达到译文的语用目的。

2. 翻译思维发展维度

翻译思维须按照“语言符号表征思维—图像形象表征思维—逻辑关系表征思维”三个层次发展。

人类的思维发展要经历从形象到抽象的演变，心理学家对此早有深入的研究。皮亚杰的发生认识论认为，儿童的智力发展经历三个阶段：动作运算阶段（感知运动阶段和前运算阶段）、具体运算阶段、形式运算阶段。维果茨基指出儿童思维的发展经历含混思维、复合思维、概念思维三个阶段。布鲁纳则运用“再现表象”来划分人类的三个学习过程：表演式再现、映像式再现、符号式再现。同样在翻译学习过程中，学生要经历语言符号、图像形象、逻辑关系三个表征阶段的思维发展。

在第一阶段，学生的思维囿限于语言形式本身，翻译中常常寻求语法成分的对等，如形容词对译形容词、定语对译定语等。法布罗通过实验证明，翻译学生的初始学习阶段场依存，文本加工依赖小的组块分析。我们看到，有些教材上的“增/减词法”“语法成分变换法”等，都是在语言符号这一思维层次上的运作。比如下面一句的翻译教学：

The cells are the last constant link in the great chain of mutually subordinated formations that form tissues，organs，systems，the individual.

处于语言符号表征思维阶段的译文会是下面的样子：

细胞是构成组织、器官、系统以及个体的相互隶属的构造物长链中最后恒定的一环。

语言符号表征思维的翻译常常会存在翻译腔，译文的可读性较差，有时甚至影响表意。

在第二阶段，学生的思维已经挣脱语言形式的束缚，开始运用图像形象（包括视觉形象、听觉形象、味觉形象、肤觉形象、图表或表格等）作为表征载体进行译文的加工运作。这一阶段需要指导学生绕过源语的语言表面形式，训练他们对与语言符号相对应的形象、图景在大脑中自由映现、创造表述。比如上一句学生会在大脑中形成细胞、组织、器官、系统、个体的关系图，并将译文组织为：

细胞是相互隶属的构造物所组成的长链上最后恒定的一环，这些相互隶属的构造物形成了组织、器官、系统乃至个体。

在第三阶段，学生的思维不仅摆脱语言形式的束缚，而且能在形象的基础上根据事物之间的逻辑关系（如因果关系、时间关系、空间关系、铺垫/主旨关系、信息值高低关系等）进行思维，在译文中将源语的事理逻辑充分凸显。处于这一思维层次的学生会将上一句译为：

生物的组织、器官、系统乃至个体，都是由相互隶属的构造物组成。这一系列构造物好比一根大链条，链条上最后、恒定的一环便是细胞。

这一阶段的学生会注意到，原句是一个松散句，焦点信息在句首 The cells are the last constant link，而 link 必然会将读者的注意力转移到 chain，读者便会疑惑 chain 是什么？跟着是解释——mutually subordinated formations，而又在读者疑惑是什么 formations 的时候，源作者再给 formations 一个定语从句进行说明，整个句子的信息一环套一环，后一部分不断说明、补充前一部分。由于能充分考察到信息之间的逻辑关系，学生翻译时便将源语中最低价值的补充说明信息放在译文的最前面作铺垫，一步一步逐渐深入，直到最后亮出焦点信息——“最后、恒定的一环便是细胞”。

（三）关注过程原则

翻译教学主要是技能教学，是教师传授技能和学生掌握技能的过程。技能教学如果流于先灌输后练习，就很难取得好的效果，学生会觉得枯燥无味。技能的传授应该与学生的练习紧密结合起来，并且要在练习的基础上进行总结、提炼。在练习之前，教师可以针对练习材料的内容举例介绍一些相关技巧，再让学生做练习。其实，在做练习的时候学生常常顾不上有意识地运用这些技巧，因此，学生做过的练习经教师批改之后，教师一定要对学生的练习进行讲评。教师的讲评不是点评式的，而是在系统分析原文的基础上，整理出里面的知识点，针对学生练习中出现的问题进行总结，上升到理论。这样，技能才能真正为学生所掌握，技能训练才能落到实处。教师的讲评绝对不是简单地将参考译文发给学生就完事了，而要去启发和引导学生思考和总结。教师在选择练习材料的时候，要有所考虑和侧重。选材的过程是一个艰辛的过程，这需要教师有从事翻译的实际经验，能从纷繁复杂的材料中挑选出适合学生练习的材料，并且要能凸显几个问题。

为了达到掌握技能的目的，学生必须要进行一定量的练习，至少每周要练习翻译一篇文章。学生在练习中去感受、去思考、去想办法解决问题，从教师的讲评中学会把这些感性的经验和自己思考的结果上升到理论。这样通过不断的实践、思考和总结，再实践、再思考和再总结，学生分析问题和解决问题的能力才会不断提高，翻译能力和水平也才会不断提高。因此，对学生翻译过程的关注，帮助、启发、训练和鼓励他们解决理解、表达和审校过程中遇到的具体问题就成了翻译教学的重点。这样培养出来的学生才会有学习能力和创造能力，为他们今后进入社会、走上工作岗位后不断学习和探索、独立解决翻译实际中的问题打下一个良好的基础。

第五节　高校英语翻译教学现状与改革

一、高校英语翻译教学现状

目前关于翻译教学争论的问题很多，持有不同的翻译教学观点往往会有完全不同的翻译教学体系和培养模式。其中的关键问题是翻译教学理论与翻译教学实践的相结合、翻译素质和翻译技能的培养。我国高校的翻译教学虽然取得了一定的成绩，但也存在许多问题。

（一）错误地认为翻译教学与外语教学一样

许多高校常常以语言教学的模式来讲授翻译教学。教师把大量时间和精力用在纠正语法、惯用法等方面。翻译课仿佛外语课一般，其目的似乎是检查学生在外语学习上的进步或后退。我们的教材上经常有“把下列句子译成英语”的练习，这其实是对学生的误导。因为这种练习只不过是让学生一遍又一遍地复习语法和生词。语言实践完全失去了翻译本身所需要的神似和形似。事实上，翻译教学不是外语教学，而是外语教学的辅助。通过翻译实践，可以暴露学生在外语学习方面的弱点。

翻译教学属于特殊的教学范畴。它是集理论和实践为一身的教学。翻译教学是教导学生如何利用翻译过程中所需要的理论和原则指导翻译实践。翻译教学必须是在翻译理论指导下的教学活动。有的学生对翻译理论和翻译技巧等知识知之甚少，常常把原文按字面意思翻译出来，却译不出其中的内涵和韵味。

（二）翻译教材存在很多不足

教材的选用在很大程度上反映了教学的指导思想。纵观我国最近几十年非英语专业教材和外语教学的发展状况，翻译一直未受到足够重视。在教材方面，非英语专业的学生始终缺乏专门的英汉互译教材，对“译”的技巧的处理和练习完全局限于课后的翻译练习。翻译练习在很大程度上只被作为巩固课文中所学语言知识的手段，是被用来检查学生对语言知识理解程度的方法。翻译练习的内容与他们所学的专业脱节，对他们今后的工作需要没有实际意义。同时，许多翻译教材在汉英翻译练习的设计中尚存在汉语句式覆盖面过窄的问题，在一定程度上也弱化了这种练习形式的作用。

教材是教学内容的重要载体，是教学实施的物质基础。教材的选用能否满足学生对翻译学习的需要，很大程度上影响着大学英语翻译教学的质量。

（三）教师要正确认识翻译教学，提升自己的专业素质

1. 教师对翻译教学的认识

许多大学英语教师认为翻译理论和技巧不需要专门教授。他们认为学生只要学好了听说读写，翻译自然就会了。为此，教师要确立“把翻译作为语言基本技能来教”的指导思想，要明确“培养综合素质好、专业精通、外语基础扎实、掌握了翻译技巧和解决翻译问题的能力、适应性强的复合型人才”的教学目标，在教学中有意识地培养学生的翻译能力。

2. 教师的专业素质

搞好大学英语翻译教学要求教师必须具备一定的翻译理论知识和课堂组织能力。一般来说，大学英语教师都学过翻译，但毕业后却没有实践或缺乏实践。这使得很多教师理论基础薄弱，进行翻译教学时感到力不从心、无从下手。由此导致教师对翻译技巧的讲授缺乏整体的规划，常常是有时间就讲，没时间就不讲，随意性很强；讲解时也是只言片语，缺乏系统性；至于对学生进行系统的翻译训练，就更少了。

（四）教学形式单一，学生无法感受学习的乐趣

现代化教学技术在大学英语翻译教学中得到了广泛运用，使教学环境大有改观，但传统的教学模式依然是目前大学英语翻译教学的主流。其教学模式具体如下：教师进行翻译要点的讲述，给学生举例说明，并布置作业让学生翻译，再核对标准翻译答案，最后进行点评，让学生寻找自身翻译与标准答案翻译之间的差距。这样的翻译教学完全忽视了学生的主体地位，教师成了课堂的中心，学生只是被动地接收信息，学生的积极性根本没有被调动起来，而且，在课堂上，也往往是教师讲得多，留给学生练习的机会少，教师

一心想着按时完成自己的教学计划，而忽略了学生学习的积极性和自主性，使得学生常处于被动和消极的学习状态，甚至有些教师将翻译课变成了自己的练习课，而将学生置于教学的边缘。这样的教学方法显然既不能为学生创造良好的学习环境，也不能很好地激发学生学习动机和兴趣，学生很难从中感受到学习的乐趣，因此其翻译能力也就得不到很好的培养。

二、高校翻译教学改革

（一）实施翻译理论和翻译实践相结合的教学

翻译是一个译者动态的思维和决策过程。学生应首先体会成熟译者的翻译思路和翻译原则，然后再学习他们的具体翻译方法和技巧。翻译理论和原则较之具体的翻译方法更具有普遍性和指导性。

作为教师，在进行翻译教学前，应首先向学生介绍翻译理论，使学生对翻译的标准和原则有一个初步了解，并在此基础上进行大量的实践。翻译是一门技巧，它需要不断的练习才能够达到完善。虽然翻译是在翻译理论的指导下进行的，但是，翻译实践不是理论研究，学生所需要的不是理论术语，而是理论指导下的实践，因此在教学中，不必花费过多的时间和精力学习理论。在翻译教学的同时，不妨开设某些背景学科，如社会语言学、传播理论、文学批评、资料使用和编辑业务等。在进行翻译实践时，所选择的语言材料应注意从内容到形式的多样性，强调对学生的译作进行中肯的讲评，研读职业译者翻译的同一文本的不同译本，并且分析优秀译作的独到之处。通常来说，学生从对他们自己的译作进行富有成效的讲评中，学到的知识远比他们从背景理论或罗列一大堆原则的做法中学到的要多得多。

（二）翻译教材既要重视理论，也要注重实用性

在进行教材编写时，既应考虑把翻译练习作为一种教学手段运用于大学英语教学以促进学生语言综合运用的能力，又应考虑在每单元练习中适当增加一些翻译理论和翻译技巧，同时配备多种形式的翻译练习以提高学生的翻译能力。在高科技迅速发展的今天，结合外语知识的传授，适当增加科技、经济、国际政治等专业方面的内容，对一些新兴专业、高新技术词语进行翻译练习尤其具有现实意义。

1. 翻译教材要加强对翻译理论的重视

在大学英语基础教学阶段将翻译教学纳入大学英语教学内容，将翻译基本理论、方法、技巧全面而系统地植入大学英语教材，从而加强英汉语言文字结构的对比教学。

翻译教材应联系实际并且应补充新的理论观点与方法材料，新教学内容和语言要能够反映快速变化中的时代；练习应多样化；不仅仅着眼于知识的传授而且要有助于学生的鉴赏批评能力、思维和创新能力的培养。

现在大多数的翻译教学材料都以介绍翻译技巧和翻译方法为主而回避了翻译理论对翻译实践的指导作用。翻译理论的指导性在于减少实践的盲目性、因循性，而提高科学性、功效性。在大学英语教材中编写翻译理论部分时既要考虑教学目的，又要照顾学生的知识结构现状，适当加入翻译理论能提高学生的技能意识和跨文化意识。

2. 翻译教材要强调翻译的实用性

随着我国对外开放的程度越来越深入，社会对非英语专业大学毕业生的英语综合应用能力要求越来越高，对既懂专业又会翻译的复合型人才需求旺盛。国内已有大学为了满足时代的需要开设了大学英语实用翻译选修课程。在这个阶段则可结合本专业的特点选择适当的教材，若没有相关内容的翻译教材也可选择涉及专业内容的书籍或文章进行翻译练习。

（三）构建稳定的教师队伍，提升教师队伍素质

1. 巩固专业思想，稳定教学队伍

做一行爱一行，爱一行才能精一行、钻一行，牢固的专业思想，对一名翻译教师来说显得尤为重要。要想成为一名合格的翻译教师，必须非常热爱这个专业，不受商海、企业高利润的诱惑，始终如一地献身翻译教学事业才行。

2. 加强职后教育，提高教师队伍素质

目前大学英语师资队伍的质和量都还存在严重不足。为数不多的翻译专业毕业的学生绝大多数在英语专业任教。现有大学英语教师自身的翻译理论素养、实践能力及教学水平都远远无法满足需求。眼下大学英语教师大多是纯文科毕业，有条件的院系请理工科专业教师来上有关科技的专业教学，但从长远考虑高校应该培养一批既通外语又懂科技等实务学科的翻译师资。

有条件的高校尤其是设有翻译系和翻译专业硕士、博士点的单位可以为

大学英语教师开设相关的翻译课程或利用假期开设培训班。有关部门也应推荐英、汉语基础好且对翻译感兴趣的教师在职进修或进行专门培养以应教学之急需；另外，高校应该给从事大学英语翻译教学的教师提供学习和掌握实务学科相关知识的机会。

3. 借助现代化的教学工具

教师应掌握现代教学工具，特别是现代信息技术手段，训练利用网络技术、多媒体技术的能力。翻译课的实践性十分强，翻译理论、技巧往往要经过反复实践才能理解。要使教学收到良好的效果，首先，在一种理论、一种技巧讲解之后，配上例句让学生进行翻译实践，以便及时消化理论和掌握技巧。如果任课教师能熟练地使用多媒体这一方便、快捷、容量大的教学工具，一定会使教学达到事半功倍。

（四）创新英语翻译教学方法

传统的翻译教学方法虽然具有一定的优势和适应性，但也应该引进新的教学方法，多元互补。如“作坊式”翻译教学方式，教师能监控学生的整个翻译过程，凸现学生的主体性，激发他们的翻译兴趣，可以实现学生在做中学，同伴相互交流。又如采用以过程为取向的翻译教学、评注翻译教学等教学方法，能促进学生独立思考、自主学习，培养学生在翻译中发现问题、解决问题的能力。此外，翻译技术也是近年来翻译教学中不可或缺的重要组成部分，借助机器翻译、翻译记忆、术语库与术语管理等，能大大提高翻译速度，科学提升翻译质量，是学生走出校门必须掌握的一种解决翻译问题有效手段。

第六节　英语翻译教学的重要性

一、翻译有助于写作能力的提高

翻译有助于写作能力的提高，特别是“中译英”对于学生的写作能力大有帮助。如，“我们通常在家和地铁之间来往，这是他上班的必由之路。不管什么样的天气，无论自己的身体状况如何，他都坚持上班，从不旷工。在别人不能坚持的情况下，他也会到办公室去工作，因为这对他来说是一种自豪。”翻译成：“We usually stay at home and the subway between，this is the route one must take him to work。No matter what the weather is like，regardless of their own physical condition，he insisted to go to work，never absenteeism。In the case of others can not insist on，he will come to the office to work，because it is a kind of pride.”

笔者在讲完第四单元后，给学生布置了一篇与环境有关的作文。学生普遍的做法是先将作文用中文把内容的提纲列出，如：环境对于人类的重要性有哪些；当今，我们身边环境恶化的现象有哪些；对每一项现象进行原因分析；结论，地球只有一个，地球是我们的家，呼吁全社会爱护环境，要从身边做起，从一点一滴的小事做起。然后，笔者鼓励学生将每一部分翻译成英语，对框架结构进行内容上的补充，使得文章更加充实。学生在英语方面的不足主要来自母语的影响，学习英语并不是不要去想母语，而是想办法将母语与英语相结合，更好地服务于英语。

二、翻译可以提高大学生的阅读能力

大学英语中的翻译，过程可以分解为准确的理解、恰当的表达、校对三部分。其中，理解是表达的基础。笔者认为大学英语翻译教学过程中，针对校对这一环节，是在对原文翻译的准确基础上，通过口语的表达衡量学生对课文的理解程度。

如，“Wherever they occurred，inefficiency and waste were attacked and nonessential projects were brought swiftly to an end.”“他们的出现，我们要反对效率低下与浪费的现象，还要控制工程项目。”这样翻译的占 15.3%。出错的原因在于学生对于“他们”涵盖的主要内容是什么并没有理解，也就是并没有对全文加以理解，只是把字面上的内容翻译出来了而已，句子中的“效率不高和浪费现象”根本就是适合英语的表达习惯的。英语中，一般是名词做主语，主、从复合句中的主语相同的情况下，从句的主语是要用代词代替的。根据这一习惯，我们就可以看出来句中所指为一件事物。我们根据语境在译成汉语的基础上，需要根据西方英语的用词习惯和语境做调整。那么上面的句子就应翻译为“无论效率不高和浪费这两种现象发生在何处，我们都坚决地反对。还有，需要结束那些其实属于不必要的项目”。

又如，“We believe，they died in search for a panacea to allay the winds of dogma and the gusts of revolutionary tendency towards a more peaceful，freer and more harmonious society。”“我们相信，他们为了寻找一种万应灵药，以遏制教条的风气，防止革命的风暴，为实现一个和平、自由、和谐的社会而牺牲生命。”该译文主要存在两个问题，一是对 winds 和 gusts 这两个词在这里的比喻用法意思理解不准确，wind 在这里的意思是 something that disrupts or destroys，这一用法很少有词典提及；二是译文定语部分太长，读起来很别扭，不符合汉语表达习惯。试译为：“我们认为，他们献出自己的生命，为的是寻找一种万全之策，以减轻教条主义和革命倾向带来的动荡和破坏，建立一个更加和平、更加自由、更加和谐的社会。”

可见，良好的阅读理解能力是英语翻译的基础，英语翻译又能促进学生良好阅读习惯的养成，对关键词句的推敲可以帮助学生阅读水平和效率的提高。

第二章　英语翻译教学现状与策略

第一节　英语翻译教学现状

本节以大学英语课堂为例，对英语翻译教学现状展开分析。

一、教学目标方面

教学目标定位是大学英语翻译教学的首要环节。关于教学目标的定位即确定大学英语翻译教学所要达到的目标或者说教学活动的意图是什么。然而大学英语翻译教学在目标方面存在一些问题。

（一）翻译教学目标定位过分关注认知、技能等目标，对于过程等目标重视不够

高校课程改革要体现出三维目标："知识与技能""过程与方法""情感、态度及价值观"。"知识与技能"目标就是过去的"双基"目标，是学生对知识的掌握和能力提高的目标，是最基本的目标。"过程与方法"目标也就是学生获取知识和掌握技能的程序、门路、措施等，是高等学校课程目标体系中重要的组成部分，有效实现此目标，可以使学生受益终生。"情感、态度及价值观"实际上就是判断事物好坏和行为的标准。"情感、态度及价值观"目标是做人、做事的目标。正确理解三维目标之间的关系，是有效实现三维目标的前提条件。

通过有关调查发现，大学英语在翻译教学目标定位上过分关注认知、技能等目标，对于过程与方法、情感、态度等目标不够重视。

学生对大学英语翻译教学的概念和目标非常模糊，一些学生表示对翻译学习有兴趣但是却不知道为什么学；从教师对大学英语翻译教学的目标理解

来看，他们更多地把翻译当作语言教学的手段而不是语言教学的目的，由此在教学中过分关注认知、技能等目标，对于过程与方法、情感、态度等目标则重视不够。另外，部分教师分不清什么是教学翻译、什么是翻译教学，导致了在实际教学中忽略翻译理论和翻译技巧的讲授，使翻译教学成了语法教学的附庸。

（二）大学英语翻译教学以课本为中心，忽视学生的实际学习需求

以学生发展为本，是高校课程改革的精神内核。在教学论中，一直有“老三中心”与“新三中心”的论辩。“老三中心”是指以教师、系统书本知识和课堂教学为中心的传统教学体系。它以赫尔巴特的重视知识传授的教学理论为依据，主张在教学中以传授系统知识为主要目的，以课堂讲授为主要组织形式，要求绝对树立教师的权威作用，是传统教学论的重要主张和主要特征。“老三中心”强调系统知识的摄入，重视基础知识和基本技能的获得，对于形成学生完整的知识结构，大面积、高效率地传递教学内容，提高教学质量等有非常重要的作用。“新三中心”是指在教学过程的要素结构中“以学生为中心”，在教学内容的选择上“以经验为中心”，在教学过程的组织上“以活动为中心”的现代教学体系。它是以杜威的进步主义教育理论与实用主义教育思想为基础发展起来的教学过程体系。“新三中心”强调学生的主体作用，强调学生自身内在的发展，强调直接经验，注重实践，重视活动的开展和教学形式的多样化，鼓励学生在教学中通过自己的探索钻研去发现事物的本质和规律。因此，它非常重视学生创造能力、探究能力和其他智能的发展与培养，尊重学生的个性，注意学生亲身参与社会实践能力的培养。

目前，部分高校翻译教学以课本为中心，只关心教学任务的完成，忽视学生的实际需要，也是对当前社会需要的漠视。随着信息时代的到来，国际社会间的交往频繁而迅速，既懂专业又会翻译的复合型英语人才显得更加供不应求。

大学英语教学的对象是来自于各个专业的学生，他们通过四年系统的学习能够很好地掌握本专业的知识和技能，而英语的学习则为他们接触国际社会提供了可能。复合型英语人才不仅要能用该种语言进行听说，还要能进行读写，更要能进行翻译。这就对进行大学英语学习的学生提出了新的要求，

他们不仅应具备英语听、说、读、写的能力，还应具有一定的翻译能力。同时这也为大学英语翻译教学的发展提出了新的目标。翻译不再仅仅是翻译专业的学生必备的一种能力，而是所有的英语学习者必须掌握的一种能力。只有全面地掌握了听、说、读、写、译五种能力才真正具备了运用该语言的综合能力，才能够促进学生的个人发展，使其成为既懂专业又会翻译的复合型人才。

二、教学内容方面

（一）大学英语翻译教学内容选择单一

教材是教学内容的主要载体，是进行具体教学活动的主要依据。从目前的大学英语教材来看，针对非英语专业的学生缺乏专门的英汉互译教材，而相比之下，为提高听读能力已有专门编写的听力、精读、泛读和快速阅读教材。因此，对学生翻译能力的培养主要是贯穿在精读课的教学之中。然而，从精读教材（或综合教程）的编排上来看，为学生所提供的训练翻译技能的练习无论是从量上来讲还是从质上来讲都是不足的。以某高校英语教学与研究出版社出版的《新视野大学英语》读写教程和《新编大学英语》为例做简要说明。在《新视野大学英语》中，每个单元课文后的翻译练习中只有 5 个汉译英的句子，且这些句子主要是围绕课文中出现的词、短语和句型进行巩固性训练。而在《新编大学英语》中，每个单元课文后的翻译练习由 5 个汉译英句子组成，练习形式的设计也只停留在单句上，没有段落、短文的翻译。显然，这两套教材存在一个共同缺陷，就是翻译练习在很大程度上只被作为巩固课文中所学语言知识的手段，是被用来检查学生对语言知识理解程度的方法。而实际上，翻译更是学生应掌握的五种基本语言技能之一，在教学实践中，翻译能力的培养既需要理论、原则和方法的指导与传授，又需要大量的翻译实践来配合。

目前大学英语翻译教学的内容选择比较单一，往往局限于教材课后练习中的汉译英句子翻译，远远不能满足学生对翻译理论和技巧学习的需要，更不用说激发学生翻译学习的兴趣或者与学生专业相结合，以满足他们毕业后在工作中对翻译能力的需要。

（二）教学内容的选择缺乏系统性、条理性

由于对大学英语翻译教学的目标定位不清楚，部分教师在教学内容选择上往往单薄、随意性强，且大多局限在技能训练层面、缺乏理论指导。有的教师认为大学英语翻译教学内容应该体现出系统性和专门性。而在具体的实践中通过观察发现：教师基本上不是围绕学生的学习需要来选择教学内容，教学内容主要选自教学参考资料，教学内容的选择缺乏系统性、条理性，缺乏理论与实践的结合。教师这样选择教学内容是基于两个原因：首先是大多数教师本身所学专业不是翻译，进行翻译教学力不从心；其次大学英语课时安排紧张，利用教学资料进行教学设计比较省时省力。

许多教师在进行教学时，往往从抓住学生的注意力、提高学生的学习兴趣入手，偏重教学方法和教学手段的改革，相对忽略教学内容的调整和改进。但是，教学内容与教学方法、教学手段之间是相互影响、相互促进的关系，如果教学内容进行了有效调整，教学方法和教学手段也会相应地改变；如果只改革教学方法而不革新教学内容，则不能有效拓宽学生的知识面，学生知识的更新就跟不上时代的发展，最后的学习效果也只能事倍功半。

其实大学英语翻译教学内容的选择没有固定的模式。我们可以围绕如何激发学生对翻译教学的兴趣，提高学生对翻译价值的认识，并结合学生所学专业选择课堂教学的内容和教材。比如翻译材料应尽量能引起学生的兴趣，使学生产生翻译冲动，让学生在翻译中体验翻译的乐趣，而尽量避免选择那些过时、冗长、晦涩难懂的材料。实践证明，选择合适的教学内容与材料是实现教学目标的重要保证，因此能结合学生的专业学习，着眼于培养学生语言综合应用能力，有利于促进学生全面、和谐发展的内容，都可以纳入大学英语翻译教学内容体系。

三、教学实施方面

教学实施是将教学计划付诸行动的过程，其目的是缩短理想与现实间的差距。而良好的教学计划需要有效的教学实施来执行才能达到预期的效果，从而实现教学目标。教学实施是教学实践过程中的关键环节，涵盖了课堂内外的所有教学行为。

美国学者富兰认为，教学实施是指把新的教学计划付诸实践的过程。教

学实施研究所关注的焦点是教学计划在实际中所发生的情况，以及影响教学实施的种种因素。教学实施过程中存在着三个基本要素：教学内容、学生、教师。教学实施体现了教师对教学目标的理解，又体现了教师对教学内容的实际运作。

从形式方面看，大学英语翻译教学是以课堂教学为基本形式来展开学生学习活动的。随着大学英语教学改革的不断深入，现代大学英语的教学方式已经发生了巨大的变化，教师和学生都不再满足于单一的传统课堂教学模式。为了适应当今社会快速发展的要求，广大教师和学生都积极地投入丰富多彩的大学英语“第二课堂”活动。“第二课堂”强调以学生为中心，以传授语言知识与技能为基础，突出培养学生语言交际能力和自主学习能力，满足学生的个性化发展需要，提供比课内学习丰富得多的教学手段和内容，而且不受时间和地点的限制。学生以“第二课堂”活动为平台，对所学知识进行对应性的训练，以达到学会使用语言的最终目的。

大学英语翻译教学主要是通过课堂教学的途径实施的。以教师为中心的教学方式使得学生参与度不高，课堂缺乏互动。而个别教师通过多媒体网络教学途径进行翻译教学，学生反应却十分积极。

另外，每个学生都有其独特的个性，智力、心理发展的不平衡性及其所生活的家族及社会环境的不同，认知水平及对新事物的接受能力上都存在着不同的差异，因而他们获知的效率具有不同步性。大学英语翻译教学的实施也应该体现出对学生个体差异的关注。

然而，在现实中，教师在大学英语翻译教学中缺乏对学生的语言基础和兴趣爱好等个体差异的关注。一些语言基础较差的学生感到在翻译学习方面很吃力。虽然教师也有课时紧张、教学任务繁重等方面的理由，但是长此以往，会使语言基础较差的学生更加自卑，不利于学生的个人发展。

四、教学评价方面

（一）方式单一，注重终结性评价，忽视形成性评价

终结性评价与形成性评价是美国教学评价专家斯克瑞文于 1967 年提出的两种评价类型。终结性评价是在教学实施完成之后施行的，其主要目的在于搜集资料，对教学计划的成效做出整体的判断，作为推广采用教学计划或不

同教学计划之间比较的依据。形成性评价是在教学实施尚处于发展过程中进行的，其主要目的在于搜集教学实施过程中各个局部优缺点的资料，作为进一步修订和完善教学计划的依据。

形成性评价和终结性评价是教学评价的两种方式，也是教学目标能否得以顺利实现的重要保证。2007 年 7 月，教育部办公厅颁发的《大学英语课程教学要求》规定了大学英语课程评价是形成性评价与终结性评价相结合，既关注结果，又关注过程，以形成性评价为主的评价方式。但是在实际的教学评价中，教师往往片面地强调终结性评价而忽视了形成性评价。

但就当前情形而言，大学英语翻译教学的评价方式单一，只注重对学生翻译水平获得的测试，缺乏对学生学习过程的评价和对学生情感体验方面的评价，比如学生是否通过教师的教学提高了对翻译学习的兴趣等。不管是学生还是教师对翻译教学效果的单一评价方式都有很多不满。

（二）主体单一，主要是教师对学生进行评价

教学评价应该是一个开放的系统，需要来自各方面的评价，这样才有利于汲取各方意见，提高教学质量。要让参与教学的人都成为教学评价的主体。教师和学生处于教学第一线，他们对教学的感受最深、最真切。他们都应该成为教学评价的主体。尤其要扩大学生对教学的评价权，倾听他们的意见和建议，使他们处于评价的主动积极状态，这对教学会大有益处。

教学效果评价的应有之意是对教学的发展起到诊断作用，从而促进教学的进步，也可为其他评价者或成果应用者提出注意的问题和努力的方向，这才是科学的评价态度，也是对大学英语翻译教学进行效果评价的目的。教师的教、学生的学与效果评价之间是紧密联系、相互促进的。为了实现教学与效果评价的结合，教师必须明确教学的目标，在实施教学的同时使用多种多样的评价方式去考查学生学习的过程与结果，使效果评价成为改进教师课堂教学，促进教师专业成长的重要手段。

第二节 英语翻译教学影响因素

一、学生方面的因素

（一）学生对翻译教学的认识

翻译界长期存在着“翻译不可教，或者翻译不需教”的思想，“会外文就能干翻译”的论调在我国相当流行。这些思想的存在毫无疑问影响了学生对翻译教学的认知，进而影响到学生学习翻译的态度。许多学生认为，专门学习翻译没有必要，只要英语好就能干翻译。还有的学生认为，只要毕业后从事的工作中需要翻译，就会在实践中摸索经验，学会翻译的，因此翻译理论学习没有必要。由此可见，“翻译不可教和不需教”的思想由来已久，影响甚深。

（二）学生的英语学习基础

翻译教学需要学生有较好的英汉语言基础和较广的知识面，这样有利于进行翻译专业知识和翻译技巧的专门培训。但在大学英语教学实践中往往会发现学生的实际情况与此要求有较大差距。学生进校时的英语成绩参差不齐，英语学习基础各异。大学英语翻译教学难以有针对性地因材施教。

（三）学生的学习态度和方法

就教学现状而言，从平时学期考试和历届四、六级考试的成绩看，学生的实际翻译水平亟须提高。很多学生的翻译测试部分是交了白卷或胡写乱涂的。同时，学生在翻译练习实践中也暴露出了很多不足。很多学生在平时学习过程中，钟情于林林总总、五花八门的教辅书，对教师布置的课文或句子翻译练习，直接在教辅书上对一下答案了事，不进行仔细的推敲和揣摩。还有的学生在做模拟试题时，也是跳过翻译部分，或草译一下便急于核对答案，结果当然可想而知。这样的学生惰性强，只寄望于老师讲解，不愿亲自下功夫实践。另外有一部分学生认识到了自己翻译能力方面的不足之后，非常重视，对平时的翻译学习和操练也持认真的态度，可是他们却没有找到适合自己的学习方法——或找一本翻译理论书硬啃条条框框，或稀里糊涂地做一大堆练习而不及时归纳总结知识要点，更不懂得将翻译学习与其他技能的提高相关联，其结果是学习事倍功半，又产生了畏难情绪。

二、教师方面的因素

教师方面的因素包括“对翻译教学的认识”“专业素养”和“教学方法”，对“翻译教学的认识”“专业素养”在第一章第五节已有阐述，这里不再赘述。

英语教学方法历来是英语教学界讨论得最多、分歧最大的内容之一。用什么样的方法进行翻译教学，这是一个见仁见智的问题。所谓“学无定法”，教亦无定法。翻译的实践性决定了翻译教学的方法必须以培养学生的实践能力为目标；翻译的艺术性又要求翻译教学必须尊重学生的创造性和主观能动性的发挥。

然而，大学英语翻译教学中，教师大多采用传统的师徒相传式的教学方法，让学生完成课后翻译练习，然后逐字逐句地核对参考答案，最多简单介绍一下“信、达、雅”和“神似”“化境”等中国传统译论，基本上可以说是一种工匠式的传授方法，不讲理论依据和科学方法，使学生“只见树木，不见森林”，只知“鱼”而不知“渔”，无法在今后的翻译实践中掌握科学的方法和更大的主动权。这种以教师为中心的教学方法，将改错作为教学手段，将教师提供的参考译文作为翻译教学的终极目的，不符合真实情况下的翻译的本质特征，极大地扼杀了学生学习翻译的创造性和主动性。

大学英语翻译教学方法的僵化与落后是严重阻碍翻译教学质量提高的现实问题。改革教学方法，是翻译教学摆脱困境、提高质量的重要任务。

三、教材方面的因素

教材的选用在很大程度上反映了教学的指导思想。纵观我国几十年非英语专业教材和英语教学的发展状况，翻译一直未受到足够重视。在教材方面，非英语专业的学生始终缺乏专门的英汉互译教材，对“译”的技巧的处理和练习完全局限于课后的翻译练习。翻译练习在很大程度上只被作为巩固课文中所学语言知识的手段，是被用来检查学生对语言知识理解程度的方法。翻译练习的内容与他们所学的专业脱节，对他们今后的工作需要没有实际意义。

同时在汉英翻译练习的设计中尚存在汉语句式覆盖面过窄的问题，在一定程度上也弱化了这种练习形式的作用。教材是教学内容的重要载体，是教学实施的物质基础。教材的选用能否满足学生对翻译学习的需要，很大程度上影响着大学英语翻译教学的质量。

四、教学环境方面的因素

教学环境主要包括社会环境、学校环境两个方面。大学英语翻译教学的发展除与学生、教师、教材等因素密切相关外，适宜的社会环境和学校环境也是影响大学英语翻译教学质量的重要因素。

（一）社会环境

随着我国进一步对外开放，在政治、经济、文化等领域的国际交流不断拓展与深化，社会对不同层次的翻译人才的需求量越来越大。分析社会环境可以了解社会对复合型人才的需求状况、翻译市场对人才素质的要求。对社会环境和社会需求进行分析对大学英语翻译教学目标的确定与内容的选择等有着重要影响。

（二）学校环境

分析学校环境在于明确学校现有的教学条件与学校的政策支持。影响大学英语翻译教学质量的教学条件包括师资情况、学时安排、教学班规模、教室设备、辅助学习条件等。

师资情况对大学英语翻译教学的影响已经如前所述。目前，我国大学英语教学班规模普遍在 50 ~ 60 人，班级大、学生多，课堂活动不易组织操作。学时安排每周四个学时，由于学时有限，教师在进行听说读写教学之余很少有时间再进行专门的翻译教学。进行大学英语教学的教室都为多媒体教室。但是在调查中发现很多教师只是把多媒体用于书写电子黑板或者展示教案。多媒体是现代教学的特征，不应该只是用于书写电子黑板，更重要的是搭建多媒体和互联网的教学平台，拓展教学的延伸和层面，将更多新功能添加到翻译教学中，使教学信息丰富、内容多样，激发求知欲和学习乐趣，根据学生的个性因材施教，倡导鼓励学生学习的主动性和积极性，使教与学在多媒体网络平台中得以理论和实践的升华，使课堂教学得以延伸。

学校的政策支持对大学英语翻译教学质量的影响也是显而易见的。在调查中教师们反映有关领导对大学英语翻译教学的重要性认识不够，科研经费不足，有关大学英语翻译教学的专门性学术会议几乎没有，没有相应的进修学习的地方和机会。

第三节　翻译在英语教学中的作用

一、发挥母语的正迁移

德国的英语教学法教授巴扎姆有一极好的形容："母语不是一件外衣，学习者在踏进英语教室之前可以将其脱下，弃之门外。恰恰相反，它的影响，正面的和负面的，都会随着学习者登堂入室，在不同的阶段，以它自己的方式发挥作用。"人们往往由于担心母语的负迁移而忽略了它正迁移的作用。因此，需要在英语教学中，要正确认识和处理学习的迁移，充分发挥正迁移的作用。

（一）母语正迁移的作用

首先，母语是英语学习的起点。我国学者桂诗春认为，"二外习得和英语学习不是零起步，而是以母语为起点"。母语知识是英语学习的有利因素：一方面，母语提供了一个必要的前提，正因为母语的知识和智力提供的帮助，学生对英语的理解能力才可能会有飞速的发展：另一方面，学生已有的语言知识和学习经验也造成差别，同一班的学生开始学习一门英语，表面上的起跑线是一致的，但事实上可以认为已有差异存在，它的差异主要就是来自母语。

其次，母语的"正迁移"作用表现在认知层面，以及学习者对目的语的理解过程中。学习语言，理解是一个重要环节。完全不能理解的语言信息好比乱码，于语言习得毫无意义，只有能被解码的信息才可获得大脑的进一步加工，因此理解是语言生成和输出的前提。而英语理解的基础正是来自母语的知识、智力、能力和经验。教师常常能观察到，母语表达能力出众、逻辑思维能力强、语言反应敏捷的学习者往往也拥有更好的英语表达能力。而一般来说，语文成绩优秀的学生，英语成绩也是相当不错。

最后，母语正迁移在英语教学过程的作用。英语教学过程中母语的正迁移现象非常广泛。汉语和英语之间，语言构成要素泾渭分明。因此，分析母语在教学过程中的正迁移，只有从教学过程中的手段和方法来加以考察。

以汉语为母语进行英语教学，其正迁移作用主要有以下几个方面：

其一，语法教学中用母语比较语言现象，讲解语法规则。由于语法规则是较为抽象的东西，在教学过程中完全用英语来解释语音现象、语法规则，学生难以掌握，如要说清楚现在分词和过去分词的区别等。这类语言现象只能用母语来解释，或者说只有用母语解释，学生才更容易接受和掌握。

其二，词汇教学中用母语解释抽象词语的意义。母语的积极作用同样也表现在英语词汇教学中。早期直接法绝对排斥母语。但后期直接法也不得不承认母语在教学中的地位，认为在讲授语音、语调、句型、语法等方面知识时，有时用母语可避免许多误解。用母语解释一些专有词汇可一语道破，既准确又易理解。

其三，课文教学中用母语翻译作为教学手段。汉语与英语之间存在差异，离开了汉语的翻译，用直接法进行教学，在实践中很难展开。所以汉语翻译在教学过程中起着桥梁的作用。以翻译法来展开教学，当然是一种很落后的方法，但完全脱离母语翻译，则很难展开教学。从这个意义上说，母语翻译能起到正迁移的作用。课文教学中用母语翻译作为教学手段有助于学生对课文的理解。

（二）母语正迁移的发挥

首先，认识迁移的条件和规律。认识迁移是有条件的、有规律可循的，对促进学生正迁移心理的形成和防止负迁移的发生，具有重要的现实意义。迁移的基本条件是不同的语言具有共同的因素。尽管各种语言之间存在着大小不等的差异，但从本质上说，语言是人类共有的属性。正如弗罗肯和罗德曼所指出的：“语言学家们对世界上的数千种语言的调查工作做得愈多，对它们之间的差异描述得愈详尽，就愈发现这些差异是有限的，而语言普遍现象则涉及所有的语法组成部分，涉及它们之间的相互关系，也涉及语法规则的表现形式。这些原则构成了普遍语法，而普遍语法则是人类每一种语言特定语法的基础。”

语言与人类思维有着密切联系，同时也是人类表达思维最有效的手段。人类的思维是有共性的，因此用来表达思维的语言也有共性。既然各种语言之间都有共性，那么在大学英语教学中，作为已掌握了母语系统知识的学生，当他开始学习第二语言时，就会把他通过母语而获得的对语言共性的认识，自觉或不自觉地运用到二语习得中去，从而加深对所学语言的理解。按照艾利斯的观点，母语作为一种已经获得的极为稳定的知识和习惯，当它和目的语类似的时候，学生在这些“普遍的方面可以学得更快，这样母语可以加快目的语的学习过程”。学生学会了汉语拼音，对英语语音学习会有一定帮助；懂得了汉语语法，会有助于理解英语语法；掌握了汉语阅读和写作技巧，对提高英语阅读和写作能力，会有触类旁通之功效。

著名语言学家乔姆斯基把语言共同性分为实体共同性，如动词、名词、主语、元音等；形式共同性，指语法规则形式的陈述；功能共同性，用以表示将语法规则来描写语言材料的方式。这是我们探讨母语在英语教学中的地位和作用的理论依据。认识语言的共同性，就应当调动其母语的优势，来认识新的语言，利用两种语言的相同部分为新语言的习得打开通道，比较其不同的部分为新语言找出规律，这才是克服干扰的积极办法。

其次，发挥母语的“正迁移”。阿金森谈到英语教学中翻译问题时，主要谈了对比在英语教学中的作用。“由于学习英语的人不可能是一无所有的白板，只要有机会学生就会无意识地在头脑中把所学英语与母语进行对比”。因此，他认为教学应顺应这一自然现象，而不应阻止其产生。例如，英语中的塞音和塞擦音有清音和浊音的区别，互相对立构成不同的音位有区别意义的作用。而汉语普通话的塞音和塞擦音都是清音，没有浊音却有送气不送气的分别，而且成对出现构成不同的音位，有区别意义的作用。如果教师一开始就给学生讲清楚，学生就不会用送气不送气的对立去替代清浊的对立，也就能够读好浊音。

再如，英语词汇的概念与其物质外壳的关系，有与汉语现象一致的地方，也有不一致的地方。如“一张书桌”译为 a desk，“我喜欢英语”译为 I like English，是典型的英汉两种语言现象相一致的，学生学习这类组词和句子比较容易，所以能顺利实现正迁移。但在语词所表达的概念与外壳英语两种语言现象不一致时，如把“不久”译成 no long，“前几天”译成 before some day，这就是一种汉语中介心理的障碍现象。在句子结构上，英汉现象不一致时，这种中介心理干扰更大。如“这不是书”“书在桌子”上就容易译作“This is not book" "Book on desk"之类。这说明作为语言模式已基本固定的学生习惯了汉语观念，常常会造成学习英语的心理障碍。因此，需要英语教师的点示和启发，从而避免负迁移。也就是说，学习英语实质上是使英语材料在头脑中与汉语系统接通，进而才能建立新的联系系统的心理过程。

此外，语言学家们发现在英语学习过程中，语际间的干扰，即来自母语的干扰容易发生在学习的初级阶段。随着学习的深入，语际间的干扰就会退居其次。此时学习者大量的错误是来自语内干扰，如常见的概括过度、概括过简、省略简化等。这说明，在中、高级层次的英语学习中，母语的干扰是有限的。学生学习英语，他们的母语知识是客观存在的总会有意无意地比较自己的母语。解决问题的关键是教师在教学中如何有效地预测和防止母语的干扰。翻译活动，通过目的语和母语难点、要点的对比分析，对症下药，恰好可以对减少母语的干扰，起到积极的教学作用。因此，通过对比、翻译等方法，找出两种语言的相似之处，就能实现母语对英语的正迁移。在英语教学中适当地、有目的地利用母语的正迁移作用，可以收到事半功倍的效果。

由此可见，学生的母语知识和技能对英语学习来说，不是负面影响，也不是干扰作用，而是一种重要的促进因素。母语是学习者大脑中已经存在的语言知识，它能帮助学习者梳理所获得的语言输入，并使学习者的语言使用达到最高水平。过去那种把相当一部分英语表达中的错误归咎于母语负迁移的观点，不符合英语学习的实际情况，也是与二语习得理论相悖的。在学生学习英语过程中，母语是一种不可忽略的学习基础。

二、提高课堂教学效果

在我国很长的英语教学时期，翻译应用于英语教学是一种重要的、有效的教学手段。然而，随着新的教学法的出现人们开始担心课堂教学中应用翻译，其活动中母语的使用减少了英语输入和英语自身实践的机会，降低了英语教学质量。事实上，创造性地把翻译应用于英语教学不但不会降低教学质量，反而能提高课堂教学质量。艾利斯认为，"母语作为一种已获得的极为稳定的知识和习惯，当它和目的语类似的时候，母语可以加快目的语的学习过程"。我国学者陆效用也指出，"中国人学英语，学会了汉语拼音，对英语语音学习会有一定帮助；懂得了汉语语法，会有助于理解英语语法"。

（一）促进学生对教学内容的理解

翻译利用学生的理解力，保证了学生确切理解英语词汇和句子的含义。特别是在英语学习初期，翻译可以使学生摆脱推测、猜想的困惑，避免对英语词句出现理解不确切的情况和因而养成一知半解不良习惯。例如，下面三个单词比较难记，如果用英语解释既费时又容易引起学生的误解。但是，如果借助翻译，依靠中文解释则一目了然——Respectable是体面的，受人尊重的；respective是各自的；respectful是有礼貌的，尊重他人的。这样既节约课堂教学时间又便于学生比较记忆。

正确理解，在英语学习中是十分重要的，只有这样所学的知识才会牢固，学生的自觉性和积极性才会大大发挥。有经验的英语教师，当其在课堂教学中无法用实物、用形体语言或难以创设情景及用最简洁的英语说明某词、某语法现象时，往往会巧妙地借助翻译来帮助学生掌握英语知识。尤其是在英语学习中处理一些生僻的词语，涉及一些抽象概念或难以用英语帮助学生理解和掌握的语言现象时，翻译能及时促进学生对学习内容的理解。比如black and blue直接翻译为“青一块紫一块”就行了，可以促进学生有效地理解。

另外，不同学生所具有的认知能力及现有认知水平各不相同，教师输出的英语语言信息可能不足以帮助所有学生理解意义，满足不了部分学生的智力需求。克拉申提出了输入假说。他认为：“可理解性输入是语言习得的必要条件和关键，语言输入的意义必须为学生所理解，而输入的语言形式或功能则应超出现有水平。”根据克拉申的输入理论，教师在课堂上必须确保语言输入的可理解性。然而，学生在课堂上用英语接受语言输入时，有时会遇到一些难以理解的，超出他们现有知识水平的信息。这些信息的存在会使学生感到焦虑，感到不知所措，从而影响他们的英语学习，降低他们的学习效率，有时可能造成一定的心理伤害。如果教师利用翻译手段，用母语来解释这些学生理解不了的英语信息，可使学生避免产生茫然、一头雾水的感觉，从而提高可理解性输入的质和量。

（二）加深学生对文化内涵的理解

学生的英语学习，就是通过理解和掌握语言材料中的语言结构进而对语言材料中反映出的跨文化的内容通过体会、分析及与母语的比较，感受到外国文化的熏陶。翻译是跨语言、跨文化、跨社会的交际活动，其过程不仅是语言的转化过程，而且是反映不同社会特征的文化转换过程。

课堂教学运用翻译手段可以进行中英文比较以增进对跨文化内容的理解。学生从已掌握的母语的相关知识，包括语言和文化两方面内容牵引到对英语的语言和文化的认识、体会，比仅凭英语材料去认识、体会、分析及理解英语的语言和文化要易于切入。比如对独特的英国习俗，通过翻译可以使学生明了其深刻含义及与我国习俗的差异，从而开阔学生的视野，激发学生探究的兴趣。

翻译给学生提供了更多运用智力的文化学习环境。语言具有超时空性，学习英语，就是理解其背后的文化和思维方式，了解其本身的独特之处。在不知不觉地转换或对接英语与母语间的意义之中，在领略英语的思想理念和文化价值之时，学生的智慧受到不断挑战。每次对于母语和英语间的细微差异的顿悟和灵活运用的把握，都会使学生产生强烈的自我实现感，引发学生浓厚的英语学习的兴趣与热情。

（三）促进课堂教学的交际活动

现代英语教学理论把教学看作是相互交往的过程，特别重视培养学生用英语交际的能力，交际教学法深受欢迎。然而，有效的课堂交际并不仅仅限于听说或“翻译就是交际”。文化交际是指不同文化背景的人们（信息发出者和信息接收者）之间的交际；“从心理学的角度讲，信息的编、译码是由来自不同文化背景的人所进行的交际就是跨文化交际。”我国有学者认为，“翻译本身就是一种复杂的交际行为，翻译的过程也是提高学习者交际能力的过程”。

克拉申指出：“当学习者没有足够的目的语知识来达到交际目的时，可以用母语去启动话语。这两位学者都把母语看作一种资源，学习者可以通过‘临时翻译’的方法，利用母语资源来克服英语的局限性。”使用母语只不过是普通心理过程的一种表现而已，即依靠先前的知识促进新的学习。艾利斯也提出，行为主义的干扰观念必须扬弃，而认知框架内的借用或调解观念，则应该成为二语习得理论的重要组成部分。借用母语不失为一种有效的交际策略。比如，Long time no see、give you a color see see、a bag rice 等令人喷饭的中式英语，从二语习得的观点来看，此类句子中有不符合英语表达习惯的地方，但也不能视为洪水猛兽。学生通过“借用”母语知识，完成了交际任务，这一点应该加以肯定。教师在指出学生错误的同时，应该鼓励他们在语言学习中的这种“冒险精神”。从一定意义上说“借用”策略和“冒险精神”有助于学习者克服知识不足的困难，最终到达英语的彼岸。

三、增强学生的综合语言能力

英语课程的总体目标为学生综合语言运用能力的形成，而这一能力的形成是建立在学生语言技能、语言知识、情感态度、学习策略和文化意识等素养的整合发展基础之上的。这一目标的确定，将英语课程从仅仅关注知识与技能的培养提高到对学生整体素质的培养，使学生既有较强的英语语言运用的能力，又有自主学习能力和良好的个性品格，从而为学生终身学习和发展打下良好的基础。由此可见，不应该只把翻译拘泥于语言技能中，应该把它置于一个更大的空间、更广阔的天地中，为全面增强学生的综合语言能力发挥它应有的作用。

（一）提高语言知识和技能

语言学习是先从听、读等输入方式开始，后由说、写、译等渠道输出。人们常讲听、说、读、写是因为这四方面既是语言学习最基本的目标，也是语言学习的主要渠道，更是语言学习后形成的技能。因此可以说，人们学习语言是通过听、说、读、写等方式来培养语言的听、说、读、写能力的。但是人们往往忽略了一点：翻译也可以作为英语学习的一种方式去培养学生学习英语的听、说、读、写、译的能力从而提高学生的语言综合能力。这是因为翻译中的口译要涉及听和说，由听输入而由说输出；笔译是由读输入而由写输出。

早在二十世纪60年代末，亚历山大就提到“听、说、读、写”四种技能。在他著名的英语教材《新概念英语》里，他建议教师创设一个在最快的时间里取得最佳课堂效果的顺序，即“听先于说、说先于读、读先于写”。然而，亚历山大的顺序未必适合学英语的中国学生。对于大多数学习英语的中国学生，其母语的语言系统和文化系统早在学习之前就根深蒂固了。亚历山大的贡献在于把听、说、读、写当作技能的同时，还当作教学方法。学习英语就是要能够听、说、读、写，这是语言应用层面上的技能。在英语学习过程中使用听、说、读、写，这是语言学习层面上的方法。虽然该理论没有把译写进去，但是很多英语翻译在英语教学上的作用和价值不能否认。通过尊重、借鉴与比较，翻译可以激发学习者去思索语言间的共性与差异，从而提高学生综合语言能力。

（二）培养情感态度和文化意识

翻译应用于英语教学有利于培养学生的审美情趣、陶冶学生高尚的情操。任何一种语言，由于其自然环境、人文环境的差异，造成了语言结构的不同和文化内容的差异。但是在语言美和文化美这一点上，全世界各种语言是一致的。语言美主要是体现在语言的构成上由词、语及句子产生的韵调，而文化美则体现在世界各民族多彩多姿的文化理念和风俗习惯。通过对语言文字表达的深刻内涵的领会、融通，学生可领略到各国语言文字的风采，在潜移默化中，开阔学生的国际视野，使学生受益终身。审美情感的培养是多渠道的，仅靠阅读去实现是不够的，事实上翻译也是重要一环。阅读只能使学生体会到一种语言文化的美，而无法体验跨文化的美，唯有翻译既可欣赏到外国语言文化的美，也可体会到本国语言文化的美。在翻译过程中，两种迥异的语言文化内容不断地在学生头脑里碰撞，通过比较和筛选，学生能领略到两种语言文化各自的美和共同的美，从而加大了两国语言文化对学生陶冶的量和质，从而对塑造学生的人格和情操起巨大的影响。因此，重视翻译在英语教学上的地位和作用，也是重视影响学生学习和发展过程中的情感态度。

文化意识是综合语言运用能力的一个组成部分，是得体运用语言的保证。它包括文化知识、文化理解和跨文化交际意识和能力。在英语教学中，文化主要是指英语国家的历史、地理、风土人情、传统习俗、生活方式、文学艺术、行为规范和价值观念等。语言与文化的关系十分复杂，因为语言既是文化的一部分，同时又是文化的载体。因此语言直接或间接地反映出文化的方方面面，同时，文化的方方面面也会在不同的程度上制约语言的运用。有些东西在一种文化里是不言而喻的，而在另一种文化里却是很难理解的；同一个词或成语在不同国家中往往有不同的含义；有的词在某一文化中有联想意义，在另一种文化中却没有。翻译可使学生从文化内涵来分析语言，并且懂得不同文化的差异及其语言表达上的不同。翻译是语言的翻译，更是文化的翻译，从翻译的特性和过程看，翻译活动有助于提高学生对文化的敏感度，增强跨文化的交际意识。

（三）促进学生的英语思维能力

语言是思维的工具，也是促进思维发展的工具。然而英语思维并不是仅靠听、说、读、写来培养的，翻译也是在表达自己的思维。我们的语言教学普遍缺乏对学生思维的训练，而仅仅重视对语言的训练。对于学生来说，他们的英语语言能力正在形成的过程中，已基本具备了必要的语言知识和技能的基础，具有比较广泛的各学科的知识和技能，应该能够获得连贯表达思想和观点的能力。因此，通过翻译来培养学生的英语思维和表达能力是完全必要，也是可行的。

巴扎姆认为，用英语思维从一开始就是可能的，但这需要一个先决条件，便是学习者对用于表达某个想法需要的语汇或语言手段已熟悉到如同母语那样已融入了血肉——能呼之即出的程度。他还认为，用母语思维不是一个完全能或完全不能的问题，也不是一个最终的结果。学习者通常是在这儿能，在那儿不能，有时候能，有时候不能，这主要取决于学习者是否能及时激活他需要的语言材料。如果不能，或是词汇量原本不足便会出现表达困难，这时候母语会自动出来救场。学习者是否能直接用英语思维，取决于他对英语词汇的熟悉程度。把握性差、积累词汇量小，母语知识介入的可能性就大，这与教师在课堂上使用纯英语还是双语教学似乎没有直接的因果关系。因此，翻译活动中母语的出现不但不会阻碍学生英语思维能力的培养，相反能促进学生的英语思维能力，提高课堂教学效果。这意味着，学习者在摆脱母语的影响之前先得利用母语，这种利用具有积极作用。利用母语是为了抛开母语，最终达到用英语思维直接交际的目的。

综上所述，英语教学中不能一味排斥翻译，而应重视其在英语教学中的不可替代的作用，将其放在适当的位置，也就是我国学者包天仁所提倡的听说读写译“五技并举”。遵循英语的教学原则，适当利用母语进行英语教学，正确而恰当运用翻译于英语教学中，其教学效果肯定会增彩不少，翻译在英语教学中的必要性也自然就显现出来了。

第四节　英语翻译教学的注意事项

一、技巧知识传授与理论知识讲解相结合

大学英语的翻译教学大都以教授翻译技巧和翻译知识为主要内容。但是，如果教师能把翻译理论融入技巧和知识的传授，则会有助于学生在翻译实践中学会独立解决问题，并通过理论分析克服实践中遇到的困难，认识翻译活动的基本规律，尽快提高自己的翻译实践能力。就非英语专业课程而言，大学英语精读课中的单句或段落翻译练习是基础阶段综合训练的一个非常重要的组成部分。大学生有一定的英语基础，又有较高的汉语修养，如果教师能在授课中增加一定的翻译理论指导，对学生稍做点拨，便会收到事半功倍的效果。

二、翻译能力与其他能力的提高相结合

翻译教学包括理解与表达的教学，涉及英语的理解能力和汉语的表达能力。对学生翻译能力的培养，不应只依赖单方面的翻译理论及相关知识的传授和技巧的训练。听、说、读、写、译五种语言基本技能不是孤立的，而是相辅相成的。在语言教学中，培养翻译能力还要从诸多方面入手，通过加强词汇和语法教学，夯实学生语言学习基础；通过精听、泛听、精读、泛读训练增加学生的语言输入，为语言输出做好质量上的前提准备；通过加强中西方文化的对比分析，培养学生语言学习和运用的文化意识，提高学生文化素养。

三、阅读的“面”式教学与翻译的“点”式教学相结合

翻译教学与阅读教学有着紧密联系。阅读和翻译对理解的要求不尽一致，阅读对理解的要求是准确率不低于 70%，而翻译对理解的准确率要求则是 100%。因此翻译教学是以阅读教学为基础，翻译教学经常融于阅读教学中。在阅读教学中进行点式翻译教学，对于阅读教学的深化大有裨益。阅读教学

中一部分学生不求甚解，对难句、关键句或难度较大的段落含义不甚清楚，因此教师要通过翻译表达的反作用，加深学生对原文的理解，进而使学生完全吸收消化。翻译教学有机地融于阅读教学过程中，作为阅读教学过程的一个环节，也将传统的语法翻译教学法与现代的交际教学法有机结合起来，使之相得益彰又各取所需。

四、英语理解的准确性与汉语表达的审美性相结合

大学英语翻译的教学和测试标准尽管主要是考查学生的准确理解力，但表达的问题也不可忽略。表达水平直接反映学生对原文理解的程度和翻译的质量。理解的程度只有凭借表达，才能得以显现。虽然大学英语教学对翻译教学在语言形式上要求并不很高，但翻译作为一种语言活动必然涉及审美问题。在翻译过程中，审美意识是一种积极主动的心理活动。对翻译语言作美学上的评价和欣赏，要求学生必须把语言所表达的思想感情内容与语言形式统一起来，把语言表达与交际语境统一起来，才能对文本语言做出恰当的审美判断并获得美感。语言审美包括语音、文法、修辞等方面。在翻译教学实践中，学生自身因忙于做抽象的词义及语法分析而忽视语言审美，教师需要在讲授翻译知识和技巧时，注意唤醒学生的审美意识，引导学生在理智分析语义的同时，联系具体语境中的语言形式、交际场合、交际目的等诸多因素，进行具体或整体的感性理解。要说明的是，大学英语翻译教学毕竟不同于其他类型的翻译教学，审美意识的渗透和培养要适时适量，不可喧宾夺主。翻译教学作为大学英语教学的一个重要组成部分，应当予以充分重视。

第五节　英语翻译教学策略

一、词汇教学策略

语义学把词汇分为概念意义和文化意义。概念意义就是词汇的语言意义，文化意义则指词汇的感情色彩、风格意义和比喻意义等。在词汇教学中，教师除了向学生讲清词的概念意义，还应努力发掘词的文化意义。从文化对比

的角度，教师应借助翻译讲解同一词汇在两种文化中所具有的不同内涵，通过联系文化传统、使用习惯和心理倾向来讲授词的搭配、交际用法。

（一）呈现词汇的概念意义

从心理学的角度来看，了解英语词汇在母语中的含义会使学习者获得一种参照，从而理解并自信地使用该词。学生学习英语的目的是能在课堂以外的场合中使用语言。他们不像那些牙牙学语的孩子，用错了词也很少有人去纠正；他们也无法像学母语词汇那样，即使不了解词的确切含义，但凭经验和直觉也敢去使用这些词。学生在使用英语过程中需要有一种安全感，需要了解词的准确含义，因此迫切想找出该词在母语中的含义。翻译就能让他们产生这种安全感，因为翻译的过程就是寻求准确意义的过程，不管源语词的语义有多复杂、文化内涵有多深厚，译者都要在母语中找到相对应的表达法。他们一旦记住拼写并掌握它的中文意义，就能理解词的确切含义，从而能安全、有信心地使用这些词汇。

（二）体现词汇的文化意义

教学中适当地利用翻译，可以帮助学生感受英汉两种语言的异同，使学生深入学习英语词汇深层次的文化意义。通过掌握英汉词汇的内涵与外延的差异，学生的理解会更加深刻、透彻，进而强化记忆。学习者通过翻译便可彻底领会这些词的内涵和外延。

东西文化源远流长，某些成语、典故、歇后语、历史人物和事件等，在各自的文化中有其特定的历史背景、独特的环境和鲜明的语言特色，在不同的语言体系中，难以找到相应的词汇，他们的外延和内涵都有差异，此时更需要利用翻译手段来学习英语词汇。例如，apple of one’s eye（掌上明珠）、Garden of Eden（世外桃源）、Shylock（狡诈者，守财奴）、As strong as a horse（强壮如牛）等。

（三）展现词义的变化

教学中利用翻译一方面可以引导学生有意识地关注教学材料中词义的变化、引申、褒贬及词类的转化等方面，达到词汇的活学活用，另一方面有些英语词汇在翻译成汉语时不能拘泥于原意，因为他们的词义可能有所扩大、变化，甚至引申，在课堂教学中需要利用翻译使学生对这些词汇深入地理解。

二、语法教学策略

语法是语言的组织规律，分为词法和句法两部分。英语和汉语属于不同的语言体系，其语法规则和句子、篇章结构有很大的不同。翻译有助于学生深入地了解两种语言在结构上的异同，有意识地克服它们之间的差异，也能够很好地帮助解决英语语法中的重点和难点，为学生充分掌握英语打下坚实的基础。

（一）时态和语态教学策略

首先，时态的翻译策略。不同的语言具有不同的时态，有的语言甚至很少或没有时态，汉语基本上是借助词汇来表示各种时间和动作的。而英语不仅有时态，而且区分细微、习惯性强。英语就是通过这些固定的语法手段将动作的进行过程与状况描绘得更准确、更精细，有时甚至能表达说话人的感情色彩。

其次，语态的翻译策略。英语和汉语都有主动句与被动句之分。主动句的主要结构是“主语—谓语—宾语”，这在英语和汉语中是一致。然而英语和汉语的被动句的结构就略有不同了。英语被动句是由助动词加上动词的过去分词构成的，而汉语被动句的构成则没有动词的变化，只需使用一系列标志词来表明句子的被动结构即可。这类标志词主要是“被”“受”“遭”“挨”“叫”“让”等。同时，与英语相比，汉语被动句的使用范围小得多，这决定了在翻译过程中，会有相当一部分英语被动句给转译为汉语主动句或将一些汉语主动句转译为英语被动句。

（二）英语非谓语动词教学策略

英语语法中非谓语动词对学生来说是一个较难的点。汉语的一个句子中可以有几个动词连用，层次清楚，多而不乱，但一般按动作发生的时间顺序或逻辑顺序等来表达；英语句子则结构紧凑严密，特别是句中的主谓机制明显，一个句子中一般只能有一个谓语动词，但却有不定式、动名词、分词等多种非谓语动词形式。因此，要用汉语的连动句和复句来翻译英语中的非谓语动词，而同样用英语中的非谓语动词来处理汉语中次要的动词。

如果不借助翻译使学生深入、系统地理解两种语言在这方面的异同，他们学到的只能是一知半解的英语。借助翻译能使学生对英语非谓语动词的语法难点有透彻的理解。

（三）特殊句型教学策略

首先，汉语中的兼语句是英语中所没有的一种特殊句型。在兼语句中有两个谓语动词，第一个动词的宾语是第二个动词的主语。碰到这类汉语句子，最常见的方法是将句中的第二个动词转化为英语中的宾语补足语。宾语补足语可以是动词不定式、介词短语、形容词（短语）、副词（短语）、分词（短语）、名词（短语）等。

其次，英语和汉语两种句子中都有定语的成分，但是定语的位置却有所不同。可以通过翻译来比较两种语法的异同，并从中悟出它们之间的规律。汉语中定语的位置一般是在它所修饰的名词前面。英语中如果形容词做定语，要放在它所说明的名词的前面，这一点与汉语基本相同；但是在英语里如果定语是个短语或从句，就必须放在它所修饰的名词的后面，不能前置，这就和汉语不同。在英语中，即使是形容词修饰名词，如果该名词是不定代词，形容词也必须后置。

三、阅读教学策略

有人认为，学生在阅读过程中频繁地将英语转换为汉语，然后再去理解文章会降低阅读速度并且不利于对文章的理解。事实上，这里所说的翻译主要是指在课堂教学中适当借助翻译加深对原文的理解，通过翻译培养学生活学活用语言的能力，并不是阅读理解过程中教学生将英语译成汉语的过程。阅读是一种心理语言学的推理和猜测游戏，成功的游戏者应充分利用自己的经验和观念，母语知识和能力不可忽视。

（一）理解阅读材料中的语言现象

阅读教学中适当地利用翻译，一方面可以引导学生有意识地关注阅读材料中词义的变化、引申和褒贬及词类的转化等诸多方面，达到词汇的活学活用；另一方面还可以帮助学生深入学习英语词汇深层次的含义，使理解更加深刻、透彻，从而正确理解原文。要正确理解原文首先必须理解语言现象，如原文的词汇含义、句法结构、习惯用法等。

（二）深化对句子结构的理解

很多学生在阅读时的问题之一是文章里的单词都认识，可就是读不懂，其重要原因是学生不具备句式分析的能力，当所有熟悉的词汇组合在一起时就不知所云了。因此，教师有必要在课堂中有计划地训练和培养学生的句子翻译能力，尤其是长句和复杂句式的翻译能力。在翻译过程中，学生会专注于句子结构，抛弃逐词对译的理解方式，坚持下去，句式分析能力会逐步提高。这样，在阅读理解中学生也不会因为句子太长而手足无措，反而能更迅速、更深入地抓住句子的核心、理解句子的含义。

（三）提高学生对话语深层含义的理解能力

理解阅读材料中上下文逻辑关系也是非常关键的。翻译可以把学生的语言知识和非语言因素有机地统一起来，进而从一定高度上宏观地把握语篇，提高其对上下文的逻辑判断和推理能力，读出作者的弦外之音，从而明晰句与句之间隐匿的逻辑关系。

中国人民大学英语教师许孟雄说过："较高的阅读能力往往是通过翻译和比较获得的。"翻译实践告诉我们，只有对阅读材料的理解，准确地捕捉到原文的意思——字面的、隐含的、主要的、次要的意义，才能真实地体现原文的内容。所以说，翻译是英语学习中的一项重要内容，是全面提高英语阅读水平的重要手段之一。

四、写作教学策略

客观地说，大部分学生在写作中很少能够真正做到用英语思维，几乎都是用汉语思考然后将汉语翻译成英语写成文章。但是，他们在写作中可以利用翻译手段，练多了，写多了，就可能会避免对汉语的依赖，培养起英语思维能力。郭纯洁和刘芳在他们的研究中发现母语在写作过程中的三个作用：第一，对作文内容的逻辑推理；第二，对语言形式的分析判断；第三，对相关英语词汇、短语或句子的检索。我们认为，翻译对于写作中的造词、造句、布局谋篇等方面具有积极的意义。

（一）选词

翻译和写作一样，都要涉及选词问题。英语中常有一词多义，且同一个义项在不同的语境中所用的汉语解释也不一样。学生用英语写作时，习惯找与汉语对应的词，写出来的句子虽然没有什么明显的语法错误但总是不那么地道。教师应当引导学生进行对相关词汇、短语的检索，既能丰富学生的词汇，又能恰当地运用于实践，写出比较有味道的英语句子。

（二）造句

许多学生在写作时常会出现一些令人啼笑皆非的错误。比如，Do part time job mean that you have to spend less time study. 本来是要表达“做兼职工作就意味着你只能花更少的时间学习”，选词没错，可是一到了句子这一步，就前功尽弃了。这是学生在造句时常犯的一种错误，因为汉语与英语是两种具有很大差异的语言，汉语词汇没有曲折变化。而英语词汇有形态变化，用法上与汉语差别极大。study 的限定动词形式有 study（动词原形、第一人称和第二或三人称复数一般现在时）、studies（第三人称单数一般现在时）、studied（一般过去式）等；非限定动词形式有不定式 to study、动名词 studying、分词 studied 和 studying 等。限定动词形式在句中只能直接作谓语，而且有人称和时态的变化。

（三）谋篇布局

有些学生在写、译单句时可能很不错，可从整段整篇来看问题就会出现。这往往是因为他们不注意整体与部分的关系，不注意句与句、段与段之间的连接与转换，或者过渡词使用不当，前后重复累赘，开头结尾不能互相呼应甚至互相矛盾，这就要求学生要加强这方面的练习，不断加以改进，增强其整体意识。母语可以帮助学生进行逻辑推理，使他们对整篇文章心中有数，从中心主题句到段落主题句逻辑分明。因此，学生可以先用汉语把中心主题句写出来，然后把每一段的主题句列清楚，而不至于想到哪儿就写到哪儿，挤牙膏式地拼字数，这样写出来的文章一定中心突出、层次清晰而赏心悦目。

第三章 当代英语翻译教学的模式

第一节 国内外大学英语翻译教学模式

近几十年来，欧美不少国家极为关注翻译教学的研究和发展，培养了大批专门人才，提出了不少理论和实践问题，翻译教学体系不断发展并逐渐走向完善。然而，由于种种原因，我国的翻译教学发展并未得到应有的重视和足够的研究，仍存在许多问题：课程设置随意性强，教学计划较为混乱，很难达到既定的教学目的等。如果想尽快地弥补这些差距，我国高校就有必要借鉴一些先进的理论和方法，博采众长，以其建立一个严谨的翻译教学体系。这里以翻译教学开展较好的英国、法国和德国三个国家作为例子进行介绍。

一、英国翻译教学模式

英国本科阶段开设翻译专业的大学不多，大约只占1／3。研究生层面的翻译教学比重偏大，教学培养模式呈多元化趋势，而且不同类型的翻译教学由于培养目标和培养方式的差异，在课程设置和师资配置上不太一样。纵观近几十年翻译教学的发展，英国的翻译教学可粗略地划分为下面四种培养模式。

（一）以会议翻译（口译）培训为主的职业培训

该培养模式是各大学举办的翻译培训班，结业后发翻译证书或翻译文凭。这类学校继承了法国巴黎高等翻译学校的培训模式，培养对象以口译或会议翻译人才为主。这类教学积极应用塞莱斯柯维奇的释译理论，将翻译视为交际行为而不是交际结果，注重翻译中译者的心理过程。此外，译者被看成画家而不是摄影师，译者必须传译的是原作的思想而不是词句和语言结构，也就是说，翻译的单位是篇章、话语，而不是词或句子。这类学校注重技能训练，强调训练程序与方法。教学中重视培训译者分析篇章的意义、内容，利用形象化等手段记忆信息内容，归类、听懂并记住数字，复活大脑的被动记忆，并学会一边听、一边译，使语言表达清楚准确。教授翻译的人员大多是职业会议译员或译者，同时懂得教学法，要求学生的第一外语或第二外语达到理解无特殊困难，母语表达准确、贴切、娴熟的程度，其智力和分析综合能力及文化修养应达到较高水平。课程设置除了即席翻译和同声传译外，还讲授经济、法律、语言学、翻译理论等课程。为保证学生熟悉未来职业，学校常邀请一线的口笔译工作者来校讲学，以保证学生与该行业职业者接触，并常在毕业前安排学员赴校外相关机构或国际组织进行实习。

（二）以德国翻译教育家威尔斯的语言学理论模式为基础的教学方法

这种模式主张将专业知识的翻译视为应用语言学的范畴。在四年的翻译教育中将语言的学习与翻译技巧的训练结合起来，以培养复合型翻译人才。其培养模式以赫瑞 - 瓦特大学语言学院苏格兰 El 笔译研究中心为代表。其培养目标、课程设置和教学方法充分体现了翻译语言行为的理论思想与特点。口笔译研究的培养目标是使语言学的毕业生掌握宽泛的口笔译特殊技能，以适应多种职业的要求。其博士学位的主要研究方向是口笔译研究、话语语言学和交际学。口笔译研究中心开设的主要课程有对比语言学，翻译理论，准备和现场翻译，笔译研究，会议与联络翻译，改写、编辑、摘要与校对，科技与翻译，双语社会与文化研究等。

然而，口笔译研究中心的教学内容并不严格地局限于狭隘的翻译，除了语言教学、应用语言研究，还要求学生学习社会、文化、政治和经济方面的知识。口笔译专业的研究方向也十分广泛，如技术翻译、机器翻译、文学翻译、媒体翻译、会议翻译、联络翻译和翻译理论等。

（三）功能主义理论的培训模式

以弗米尔为代表的翻译功能学派主张考虑译者的翻译环境，不能将翻译局限于语言学或文学的狭隘层面。译者应在跨文化的交际中发挥相应的功能。

采用此理论的教学机构在翻译领域或语言学领域的学术实力较强，往往采用学院式培养模式培养专家学者型的翻译研究人才。沃里克大学英语与比较文化研究中心是这类培养模式的代表。沃里克大学始建于二十世纪60年代中期，该校的英语与比较文化研究中心始建于1977年，如今已是英国最大的翻译研究与教学基地，能够授予翻译研究的学士、硕士和博士学位。从中心的名称可以看出，该校的翻译教学与文化的研究紧密联系在一起，教师都是翻译家，其研究兴趣几乎涵盖了文学和文化的各个方面：翻译理论与实践、翻译史、后现代主义批评、马克思主义批评、美国文学、文艺复兴时期的诗歌、英国黑人文学与文化、妇女文学、加勒比海地区研究、后殖民主义文学、爱尔兰研究、英伦三岛比较文学等。课程设置包括核心必修课、选修课和论文写作。翻译研究生的核心必修课包括“翻译与接受研究”“翻译理论史”。前者将翻译视为“文学变化与发展的塑造力量”，分析考察“不同文化之间文本的传播过程”，考察翻译在文学系统中引进新观念、新形式、新类型的方式，并且考察不同文化的读者接受文本的方式；后者旨在考察翻译理论的起源、翻译态度、翻译评价标准，以及翻译实践模式的变化。翻译研究的选修课程极其广泛，主要有：诗歌与翻译、戏剧翻译、翻译与性别、翻译与后殖民主义、学习方法论与研究技巧等。学生通常要求具有相关领域的知识与经历，并具有相应的学位。可以看出，沃里克大学主要采用学院式的培养模式，培养学术型的翻译人才。翻译类型侧重于笔译，特别是人文和社会科学的翻译，自始至终强调翻译的文化功能、社会影响与接受文化的态度与作用。

（四）计算机辅助教学模式

计算机辅助教学已经在越来越多的学科和课程中得到应用，尤其是计算机智能辅助外语教学，从理论到实践都有良好的效果。这里以曼彻斯特大学理工学院为典型来研究其教学特点。该校的翻译教学设在语言工程系，是现代高科技、计算机、语言教学、翻译等学科的综合性教学。该系不仅授予翻译研究的科学学士、硕士、博士学位，而且授予机器翻译的硕士学位。曼彻斯特大学理工学院的语言工程系与其他大学的语言学系或现代语言系的区别在于，该系不仅重视学生的语言技巧、翻译能力，而且强调语言知识的作用，强调对不同语言的学习与训练，掌握语言学习的规律。他们认为，纯粹的语言能力在漫长而多变的市场需求和个人的工作经历中很难使学生永远立于不败之地，学生只有牢固地掌握语言学习的规律、方法与使用技巧，才能更好地迎接挑战。以该系开设的术语学课程为例，学生要求掌握术语学的理论框架，利用计算机对术语语料进行分析研究，建立概念结构，认识不同使用者对术语的不同要求，以及术语对信息处理系统的重大作用。

所以，该系的毕业生深受市场欢迎，许多人成为术语学的专家、词汇学专家、词典编纂者和文献学专家。该系有关翻译的课程十分丰富，而且富有特色：翻译语言学、翻译方法论、译者信息技术、口译研究、机器翻译、机器翻译评估、计算机辅助翻译、翻译理论、理论语言学、形式语义学、计算词汇学、语料语言学、术语学、言语与语言处理、人工智能以及自然语言处理等。更值得一提的是，该系是英国最大的计算机辅助语言学习基地，研究领域涵盖了语言学习、语言学和计算机语言学等纯理论研究和应用研究，主要研究课题包括语言工程、理论语言学和翻译研究。

二、法国翻译教学教学模式

在法国的文化生活中，翻译有着举足轻重的地位。随着社会的发展与国际交流的日益频繁，翻译将占有越来越重要的地位。在法国，直接或间接从事各种翻译的人员也越来越多。培养译员是一项重要的任务，法国在翻译人才的培养方面，积累了相当多的经验，翻译教学也比较受重视。

法国的翻译教学可以分为职业翻译培训、与其他专业方向配合的翻译教学和以教授语言为主要目的的翻译教学。按照心理教学法理论，“教学目的、目标、方法和手段不能从一个专业照搬到另一个专业，而应该对其进行思考，以使其适应当前教育遇到的新形势”。培养目标不同，教学内容、方法和手段必然各异。

（一）以职业培训为目标的翻译教学

1. 巴黎高等翻译学校

该校专门为联合国教科文组织、北大西洋公约组织等国际机构培养国际会议译员和笔译人才，学生来自全球不同国家，涉及四十多种语言。该校招收对象为文、理、法、社会学各科大学毕业生，新生没有数量限制，但入学考试十分严格，除对翻译需要的相关能力考查外，还对其未来将适用的工作语言水平要求很高。学校下设三个系：口译系、笔译系和研究生系。口译系学制两年，第一年学习即席翻译，第二年学习同声传译，同时开设经济、法律、语言学、翻译理论、术语学等课程，每周总课时大约 24 小时。笔译系学制一般为三年，第一年开设基础翻译课，第二年开设经济翻译课，第三年开设科技翻译课，同时开设口译系翻译除外的其他课程。两个系还同时开设母语及外语进修课。两年或三年学业期满，考试及格或论文获得通过者分别发给“会议口译人员高等专家毕业文凭”和“笔译人员高等专家毕业文凭”。学生毕业后，大部分投考各国际机构的翻译部门，也有一部分毕业生为了工作自由不投考国际机构而分别向各国有关机构申请自由译员的工作执照。70 多年来，该校为联合国、欧盟以及西方各国的外事部门培养了一批又一批的高级翻译人员。

巴黎高等翻译学校以塞莱斯柯维奇的翻译理论为翻译教学的理论基础，该理论运用语言学、逻辑学、心理学的成就来阐释翻译的理解和表达过程。其核心思想正是对穆南、贝尔尼埃和阿尔比的语言学译论的继承。这一核心思想就是：翻译的主要目的是译意，而不是原语的语言外壳；提倡在翻译中进行“文化转换”。翻译理论提出的翻译程序是：理解、脱离原语语言外壳和重新表达。不可否认，这一翻译理论体系在培养高级口译人才方面是十分有效的。巴黎高等翻译学校的一个重要特色，就是极为重视翻译教学理论的研究，推出了一系列翻译教学研究专著。在翻译教学理论研究方面，针对翻译教学的性质、特点、目标、方法，进行了较为系统的探索，提出了许多富有启迪意义的观点，总结了可以借鉴的经验。比较有代表性的成果有杜里厄的《科技翻译教学法基础》、拉沃的《翻译在语言教学法中的作用》、巴拉尔的《翻译——从理论到教学》《大学中的翻译：翻译教学研究与建议》、勒菲阿尔的《笔译推理教学法》等。

2. 雷纳第二大学

该校颁发多语种多媒体交际工程学职业文凭。用十年左右时间发展起来的“语言和技术”专业主要为翻译机构或公司培养英法德笔译人员。这所学校的培养模式同布鲁塞尔玛丽·哈蒲斯自由学院接近，但不培养口译人员。学生毕业后以担任翻译、审校、译审、项目负责人等为主。该校的特点是把翻译教学同计算机的使用和专业术语研究及企业需求紧密结合。例如，该校于 2004 年 8 月出版了《奥林匹克英法实用词典》；该专业指导教师出版了翻译理论研究专著十几部，研究成果丰硕。

雷纳第二大学教授瓜岱克在他撰写的《描述翻译和概要翻译》中根据职业翻译特点和程序提出了渐进式的翻译教学模式。描述翻译旨在寻找文件所有重要线索，说明理解阐释文本的环境和条件，找出并翻译关键词，说明主题或主要议题；概要翻译在于使用与文件语言不同的语言提供简要明快的主要内容和情况。按照瓜岱克的说法，描述翻译和概要翻译是所有翻译不可或缺的基本能力，是职业翻译的最佳模式。从教学法的角度讲，这是尊重学习进度的理智方法，可以帮助理解要翻译的文件，建立合理的术语库。译者通过资料查询进行跨文化、跨语言实践和审校实践。

该校翻译专业确定的培养目标是：毕业后能在翻译公司或类似机构承担职业翻译、译稿审校、专业术语研究、信息管理、项目管理等工作。该校“多语言多媒体交际工程学”，把翻译培训同广泛意义上的交际和信息传输结合起来，把翻译训练同术语研究结合在一起。换句话说，每一专业翻译训练结束后，学生都要将该领域术语输入计算机进行处理，以供有关企业和个人使用，或编辑成字典出版。

随着互联网的广泛应用，不少大公司希望随时从全球各地的网站上了解行业信息，因此对翻译有了新的需求。他们通常不是让翻译公司完整翻译网上的内容，而是要求译者采用“描述”或“概要”形式对原文进行适当的压缩和摘编，即编译、摘译或译述等，然后视信息情况决定是否需要翻译全文。这也是“描述”和“概要”翻译训练进入培训内容的原因之一。

（二）专业翻译研究与翻译培训

1. 里昂第二大学

该校的语言学和应用语言学专业将语言学同术语研究紧密结合，术语研究重点是医学（以医药学为主）和环保专业。硕士研究生在学习相关专业的同时在导师指导下从事以法英、法阿、法德为主的双语术语翻译研究。该校与国家科研中心合作，和下属的二十多所研究教学单位在以上两个领域的术语研究成果在国内外都享有盛誉。该校毕业生可以直接进入相关领域从事教学、翻译或其他工作。里昂第二大学为语言学系或商务及法律系的研究生开设了专业口笔译课程。其授课方法为职业翻译培训，强调翻译思维能力的训练和方法论的应用。

2. 卡昂大学

该校开设法律、人文、语言、自然科学等专业，颁发硕士和博士文凭。人文学科下设的跨学科人文科学研究中心培养硕士研究生和博士研究生。课程以心理语言学、生理学、口译心理和认知科学为主，最具特点的是从跨学科角度研究语言、认知和非语言因素对儿童语言发展及对交际的影响，近几年对会议口译程序的认知和心理语言学研究取得了初步成果，在翻译界和心理语言学界产生了一定的影响。

3. 教学翻译——语言教学的一种手段

法国另一些学校也开设翻译课程，但其目标并非培养职业翻译人员。参加培训的学员毕业后可从事职业笔译，也可从事与翻译没有直接关系的工作。里昂第二大学的外语语言应用专业，拉罗谢尔大学亚洲商务专业，蒙彼利埃第三大学外语语言应用专业，里昂第三大学外语语言应用专业，埃克斯-昂-普罗旺斯语言学及外语语言应用专业、东方语言学院语言和文化专业等均属于这种情况。翻译在语言教学中只是一种教学手段，目的是帮助学生理解原文的语法、词法等，逐渐用准确的外语表达思想。随着翻译学研究的不断深入，语言教学更多地引进交际法，课堂上出现了“模拟”交际场景，原来的单词翻译扩展到句子，句子翻译扩展到连贯的短文翻译，而且教师也在翻译前提供与交际场景相关的信息，更多地注意翻译过程、改善教学环境，学生在交际中学习和掌握外语的速度逐渐加快。

三、德国翻译教学模式

德国有着良好的翻译理论传统。德国功能学派的研究对后续的理论研究，以及翻译教学都有深远的影响。

（一）基于现实生活的文本翻译的翻译教学模式

与英国相比，德国的大学一直注重翻译专业人才的培养，并认为每个人都应该享受大学层面的教育。这种专业的教育使得学生要在学校里花上很长的时间。例如，一个想要接受培训后成为教师的学生要在学校里花上四年半的时间，这还要看学校类型以及学生走完整套教学体系所花的时间，实习教师要在学校里实习两年，才能成为合格的教师。然而，大学所提供的这种学术训练并不见得是为将来的专业需要所设计的。英语教授实际上是英国文学教授，而文学作品的选择也是因教授的个人研究喜好而定的，并没有考虑课程要求。一般认为，学生的语言能力在入学前就已经获得。在这种情况下，学生语言技能的提高或被视为蹩脚文人，或是无用的装饰。在1981年做的一项有关语言课程的调查显示，大概有三分之一都是翻译——译出或译入，而学生的语言能力并没有得到提高。考试通常采用改写与翻译的方法，考试用的文章可能是从某一文学作品中抽取。整个考试不允许用字典。改写是考查学生运用外语的能力；翻译是考查学生对外语的理解力和改写成母语文章的能力。但这种考试并不能考查翻译能力。

随着经济全球化的进一步发展，国际的交流与合作不断加强，德国的翻译教学也开始与之前的那种翻译模式、纯文学翻译的外语教学分离，转为基于现实需要的文本翻译的教学模式。这种翻译教学模式并不是要培养专业的翻译者或口译者，而是为了使所有专业语言研究人员能够具有处理日常的或非正式的翻译的能力，并能够监督公共的或正式的文本翻译的质量。对于在训练时翻译文本的选择，也应是那些在真实生活中可以或应该被翻译的文本，比如某个特殊的客户所需要的，某个特殊目的所需要的，或是某个特殊观众所说的文本，这样一来学生就可以处理真实的翻译任务了。在翻译课上，教师可以和学生共同探讨所选择的文本，以及其被翻译的必要性；它的可能读者；为适应目标读者需要，译者要对该文本做哪些调整等。任务可以由小组成员合作完成。那些在翻译中可能遇到的问题，如数据的处理，特定时间，人名、地名，文章修改，文化内容等都可以加到翻译教学中。德国的杜伊斯堡大学正是采用了这种基于现实生活的文本翻译的翻译教学模式。

这里的学生只有外语专业水平达到一定高度才可以开始翻译工作。第一学期是翻译基础课程，学习翻译的各个方面。比如对不同词汇项的翻译，如何合理使用字典和其他材料资源，对文化因素的翻译，如何调整文本以适应特定读者，语域分析，文本类型，相同文本的不同翻译等。之后的两个学期要学习德译英和英译德。最后一学期是选修课程——学生翻译工作组。这个课程的教师一般都是目的语的本族语者。学生可以在翻译过程中发现很多专业翻译所遇到的问题，并且可以学习如何使用参考资料以及如何加快翻译速度等。

基于现实生活的文本翻译的教学模式也是值得我国大学英语翻译教学学习的。文学翻译对于大学外语系的学生来说难度较大，并且对于未来职业需求意义不大。在我国进行大学英语翻译教学时，可以根据学生所学专业和未来职业需求设计翻译教材，翻译的文本可以是科技、商务、旅游和法律等内容。

（二）基于培养文学翻译的翻译学院

以上提到的基于现实生活的文本翻译的翻译教学模式是为了培养更多的具备一定翻译素养的专业人才。在德国，由于所处地理位置、地缘政治和历史等原因，德语和德国民族文学的形成与发展在很大程度上得益于外国文学的翻译，因此文学翻译也占有一定的市场。德语文学史上的许多著名诗人、作家，从歌德、席勒到霍夫曼斯塔尔、里尔克、格奥尔格，到第二次世界大战后的弗里德、伯尔、汉特克和恩岑斯贝格尔，都曾翻译过外国文学作品，为外国文学在德语区的传播做出了贡献。按翻译作品数量计算，德国远远超过英、法等国，但是翻译作品的质量不尽如人意。受传统观念影响，译事不为学界看重，译者的社会地位较低，报酬也偏低，多数情况下不能靠翻译稿酬维持生计。截至 1987 年，德国在正规的高等教育中没有设置专门培养文学翻译人才的专业，对外国文学作品的书评也很少涉及翻译本身的问题。

针对上述情况，杜塞尔多夫大学文学院以法国文学专家尼斯教授为首，汇聚了对跨国界、跨文化的语言与文学交流及翻译理论感兴趣的一批教师，深感有必要成立一个新的专业，制订完备的教学计划，更科学、系统地培养文学翻译人才。他们认为，面对不断扩大的职业需求，传统的、通过自学摸索的方式造就文学翻译人才的办法，无论对译者、出版社和读者都是事倍功半，不能再继续下去了，这一重要的跨文化传播工作的职业化已刻不容缓。

杜塞尔多夫大学文学翻译专业教学计划规定，学制（包括毕业考试）为 4 年 3 个月，达到毕业要求须完成的课时为 160 个学期周课时（修读一门一学期、每周 2 课时的课程可获 2 个学期周课时）。其中必修课和限制性选修课计 148 个学期周课时，与其他文科专业相比，任选课比例稍低一些。完成教学要求、通过毕业考试者获“硕士翻译”学位。可供选择的外语为英、法、西、意，因为这四种语言的译本占全国全部翻译作品的五分之四。学生须从这四种外语中选择一门主修专业方向和一门辅修专业方向（英法两种语言中必选一门），另外还必须辅修德语（目的语），作为第二门辅修专业方向。主修外语占总课时的一半，共 80 个学期周课时，两个辅修语种各占 40 个学期周课时。这就是说，学生至少须掌握两门外语，能翻译两种语言的文学作品。

文学翻译专业十分注重理论与实践的结合。教学计划规定，每个专业方向（包括主修和辅修）的教学都包括理论性课程与实践性课程两方面。以主修专业方向为例，学术性、理论性课程必须修满 36 个学期周课（必修课），其中语言学和文学各占 16 个课时，具体课程有语言学导论、语言史、二十世纪语言、词汇学、语义学、句法、语言变体、文学导论、文学史、二十世纪文学、语篇分析基础、文学的接受、类别文学专题等，翻译比较占 4 课时。语言与翻译实践课的必修课与限选课共须修满 32 课时，具体课程有语法对比、词汇对比、成语对比和大量的文学翻译实践课，以外译德为主。这里，文学的概念比较宽泛，既包括严肃文学和消遣文学，也包括讲究文笔的人文科学文章。在翻译实践课中，学生要练习翻译各种文学门类和体裁的文章，如散文、小说、随笔、韵文、戏剧、舞台剧、广播剧、影视作品以及论说文等。到高年级时，每个学生都须选择一个重点领域，深化提高。另外还有跨语种的、以翻译学中普遍的共同问题为内容的课程（占 8 课时），如翻译导论、翻译理论、翻译史和翻译工作者职业概貌。特别要指出的是，该专业在传授理论知识时，力求避免为理论而理论的经验式教学，注重从实践中总结出来，又能反过来指导翻译实践和翻译批评的理论。正如负责文学翻译专业的院长代表尼斯教授强调指出的那样：“大学学习不能代替实践，但我们力求给学生贴近实际的理论，传授技能和背景知识。”培养学生的独立工作能力，提高他们在劳动市场上的竞争力，使他们尽快适应毕业后的职业工作，把所学理论知识应用到实践中去，是该专业办学的指导思想之一。

第二节　以学生为中心的英语翻译教学

一、“以学生为中心”的教学概念

“以学生为中心”的教学是由于翻译教师仅作为知识的传授者和指导者的角色已远不能满足教学的需求，因此教师应通过多种途径突出学生的中心地位，形成课堂上新型师生关系的一种教学模式。这种教学模式认为翻译是对两种语言的创造性运用，因此翻译活动应涵盖交际框架下的语言活动、文化活动、心理活动等内容。这种教学模式重视英语翻译教育的发展趋势，特别重视翻译教学环境和学生作为教学主体这两个因素。由于翻译教学环境趋向于提倡、建立一种交际性的课堂教学形式，也就是要努力创建一种能培养学生独立开展创造性语言转换以及语言交际的环境，因此也就应该特别重视社会背景和文化迁移在翻译教学中的作用。此外，这种教学模式认为教师不应再被认为是翻译训练中的带头人、翻译材料的介绍人或译文好坏的评判者，而应在翻译教学的过程中，明确学生才是积极的创造者，而不是消极的接受者；要重视学生的不同个性、学习风格、学习策略，以及在学习过程和学习内容上的学生智力因素。总而言之，以学生为中心的翻译教学就是要充分重视学生在学习过程中的积极作用，充分调动学生学习的积极性和自信心，要尽量让学生自己控制学习内容和方法，鼓励学生参与到教学活动的各个环节中，鼓励学生更多地对自己的学习负责。

二、“以学生为中心”的教学特点

（一）教师引导，学生为主体

在传统翻译教学模式中，教师通常会处于相对的权威地位，所以人们常常可以看到教师在讲台上一板一眼地讲，学生在讲台下不停地记笔记，这是一种“填鸭式”的教学方法。而“以学生为中心”的教学模式则要求实现教师角色的转移，也就是要将教师角色由主演转变为导演，从而更好地引导、辅助学生学习翻译：而将学生转变为主演，将翻译知识掌握并付诸实践。

（二）教师和学生融洽合作，教学突出实践

与传统翻译教学模式“以教师为中心”不同，“以学生为中心”的翻译教学模式强调翻译教学过程中学生的主体性。认知理论认为，教学不是知识的“传递”，而是学生积极主动地“获得”。在“以学生为中心”的翻译教学模式中，教师与学生应形成积极的合作关系，也就是说双方应扮演翻译教学中的合作者。

实行“以学生为中心”的教学模式并不代表教师失去权威性，而是仍要以教师作为课堂活动的引导者，采用多种途径突出学生的中心地位。传统的教学法一般是“以教师为中心”的教学方式，这种教学方式通常“将改错

作为教学手段，将教师提供的参考译文作为翻译课的终极目标，不符合真实情况下翻译的本质特点，在一定程度上扼杀了学生学习翻译的主动性与创造性”。可见，传统的翻译教学方式由于过分依赖教师的主导地位，在很大程度上忽视了学生的主体地位，也就很难激发学生的积极性，学生不仅没有选择回答问题的权利，而且教师也很难把握及满足学生的真实需求。

“以学生为中心”的翻译教学模式，首先便是让学生在“译”中学习技能。同时，翻译是一门理论与实践相结合的课程，王鸣妹在《如何改进英语翻译教学》中提出了“好的理论以实践中获得的材料为依据，好的实践又以严谨推断出来的理论为指导……”的观点。他认为学生在学习英语翻译的过程中要以理论为基础指导，通过大量的实践练习和与参考译文对比来使他们更好地掌握所学的翻译技巧，从而进一步提高翻译能力。

正如黄青云在其论文《翻译观念与教学模式也应“与时俱进”》所说：“新的现代教学理念认为，在翻译课上，是先鼓励学生去译，在‘译’中学习。也正是因为学生在译的过程中，需综合运用原有的知识经验，查阅工具书以及其他相关资料。”所以，学生可以从新的角度去思考已学过的内容，并能有时间去理解这些理论和翻译技巧或方法，最终达到掌握相应知识和积累经验的目的。例如：

That among all those decades’ worth of family documents my parents had looked through，the delivery bill was the only thing they thought of sufficient interest to pass along.

几十年来，我们家积累下那么多的单据，仔细看过之后，我父母的唯一有保存意义的就是那张接生费用账单。

在刚开始翻译时，大多数的学生会将 document 译作“文件、资料、票据”等，但经过认真查阅词典才发现，document 在英语里的意思是 a writing that conveys information。结合这里的语境分析，准确的翻译应为“单据”。

（三）共同参与评价

“以学生为中心”的教学方式要求改变传统的以教师为主体的评价方式，并要实现评价主体多元化，组织学生间、师生间的自评和互评相结合的多层面评价方式。至于将评价权利充分赋予学生，则应通过以下几个步骤来实现：

（1）教师应先将学生分成若干个小组；

（2）在完成一种翻译方法或技巧详解和示例后，教师应给学生们布置课前选定的相应翻译练习；

（3）学生完成练习之后，可以考虑进行小组讨论进而评选出能够获得小组成员共同认可的好译文；

（4）教师检查完各小组译文之后，应对其分别加以评价，并指出这些译文中的翻译较好的部分和不妥之处；

（5）最后教师还应为学生提供参考译文，并鼓励学生指出其中可能存在的不足之处，进而实现师生共同探讨某种译法的效果。

例如：Rocket research has confirmed a strange fact which had already been suspected there is a high temperature belt in the atmosphere，with its center roughly thirty miles above the ground.

教师应给出“通过火箭研究已经证实了人们早就怀疑的大气层中有一个中心在距地面约 30 英里的高空的‘高温带’的这种奇怪的事实”的参考译文。

学生可以根据英汉长句转换原则，将英语的“树状形”结构转换成汉语的“波浪形”结构，也就是将英语长句译成汉语的若干短句的方法，认为参考译文翻译得比较拗口，通过探讨，可以得出较佳译文：

（1）利用火箭研究，人们证实了早就怀疑的一个奇怪事实，即大气层中有一个“高温带”，其中心在距离地面约 30 英里的高空。

（2）人们早就怀疑，大气层中有一个“高温带”，其中心在距离地面约 30 英里的高空。利用火箭进行研究后，这一奇异的事实已得到证实。

（四）重视学生独立翻译能力的培养

“以学生为中心”的翻译教学模式的目的是培养学生独立的翻译能力，而不是只教学生学会翻译某些句子或文章。这种教学模式重视翻译过程，旨在通过教师的指导，帮助学生学会如何理解原文，并且通过恰当的技巧来表达自己的译文。此外，为了树立学生的自信心，教师必须对学生的作业持积极的批改态度。

三、“以学生为中心”的教学活动安排

（一）开列阅读书单

由于翻译是一项实践性较强的活动，所以在翻译教学的所有阶段都必须重视实践练习环节，翻译课程安排应以实践活动为主线。但也要重视理论指导实践的重要作用，应当清楚的是，如果离开了科学的理论指导，也就没有办法实现高效的实践活动。所以，为了帮助学生在较短的时间内掌握科学的翻译理论知识，教师向学生推荐阅读书单是一个很好的办法。教师可为学生推荐如《翻译简史》《翻译理论与技巧》《中英文化习俗比较》等方面的书籍。学生们可以通过阅读学会用普遍的原理来处理个别的实例，之后再经过教师的指点，就可以将实例接通到理论上去，做到真正的融会贯通。

（二）多进行笔译、口译练习，消除文化障碍

学习口笔译的学生要具备坚实的双语素养、文化知识和运用翻译策略的技巧。特别是在口译教学中，跨文化沟通认知对学习口译的学生十分重要。许多口译初学者在翻译过程中出现错译或误译，并非是因为他的语言能力欠缺，而是因为他遇到了无法解决的文化障碍。所以，只有进行不断的翻译实践，学生才能消除可能出现的文化障碍。

（三）采用多媒体教学手段

由于语言运用是一种多感官的体验，可以通过不同的媒体或者不同的感官渠道传输语言信息，所以很有必要采用现有的多媒体技术进行英语翻译教学。目前很多的学术讨论会、记者招待会和国际之间的互访宴会等都会采用同声翻译录像、光碟，在翻译教学中就可以利用这些录像、光碟，来创造模拟的现场效果，从而进行英汉或其他语言的互译实践。

四、“以学生为中心”教学的不足

“以学生为中心”的翻译教学模式并不是十全十美的，它同样存在以下局限性：

（1）如果同一组学生在一起讨论问题时间过长，一些学生的精力就会逐

渐开始分散，有时候他们会讨论某些个人的事情，忘记了正在进行的问题。

（2）这种方式会助长部分学生的惰性，特别是那些经常处于中下水平的学生，他们会依赖小组成员，而不去思考，常常只会等待其他人来回答，也就是说会造成“窃取他人成果”的现象。

（3）这种教学模式会让部分学生感到困惑。尤其是那些处理语言解码和语言编码能力较差的学生，这种教学方式会使他们对自己的翻译能力感到自卑。

第三节　翻译教学中的实践应用

翻译理论的重要性更体现在它对翻译实践的指导意义上。古人云：凡事须由其途，得其法，方能终其果。英汉互译自然也需要科学理论的指导，此处的理论其实就是翻译实践的必由之路和原则法度。“翻译实践水平的提高，不能依靠提高劳动强度，只能依靠与自然科学和社会科学水平相适应的理论指导。”翻译理论的启蒙性、实践性与指导性不容我们忽视对其基本理论的传播。另外，翻译理论也能促进翻译教学水平的提高。深刻参透新的翻译理论，必然会扩大教师的专业视野，丰富教师的专业知识。这些新的理论经由教师的筛选，融入翻译教学，进而指导学生的翻译实践，必将更快、更有效地为国家培养翻译人才。

一、关联理论与翻译

（一）关联理论

语用学家斯伯博和威尔森的综合认知科学、语言哲学和人类行为学的研究成果创立了关联理论，不仅在语用学界反响强烈，对语言学、文学、心理学、哲学等领域也产生了一定影响，对翻译研究也同样具有积极的意义。他们的学生格特运用关联理论对翻译进行了专门研究，并在《翻译与关联：认知与语境》一书中进一步发展了关联理论，阐述了对翻译研究的启示，提出了一种全新的关联翻译理论，为翻译研究开辟了新的领域。

关联理论认为，若文本话语的内在关联性很强，则读者在阅读中无需付出太多推理努力，就能取得好的语境效果（语境含义或假设）；反之，若文本话语的内在关联性很弱，则读者在阅读过程中需付出较多推理努力，才能取得好的语境效果。从文本的创作或翻译看，好的文本或译本并不是要向读者提供最大的内在关联性，而是要提供最佳的内在关联性。从文本或译本的解读看，读者理解话语的标准就是在文本话语与自己的认知语境之间寻求最佳关联，而不是最大关联。这里的最佳关联就是用最小的推理努力，取得最大的语境效果。文本的内在关联性往往与文本的创作意图、社会功能、写作风格和文体色彩等有关。例如，以信息功能为主、含义单一明确的实用文体，往往能提供较清楚的内在关联性，读者很容易直达其意；而意境深远、蕴含丰富的文学作品，其内在关联性较为含蓄，为读者留下丰富的想象和推理空间。但无论文本的文体、风格或功能如何，都应该设想为读者提供最佳的内在关联性，才能使读者从文本话语中获得最大语境效果。

关联理论是以认知和交际为基础的。在关联理论中，关联性被看作输入到认知过程中的话语、思想记忆、行为、声音、情景、气味等的一种特性。语境则是一个心理结构体，是存在于听话者头脑中的一系列假设，包括：

（1）上下文，即在话语推进过程中明白表达出来的一组假设；

（2）会话含意，即按照语用原则推导出来的一组假设；

（3）百科知识，即涉及上述两类假设中相关概念的知识或经验。

任何一个交际行为都是“明示—推理”的过程。听话人为了理解说话人的意图，必须根据关联理论把对方具有最佳关联性的言语刺激以及当时的交际情景当作信息输入，并从记忆中提取相关的百科知识与之匹配（即做出语境假设），在大脑中枢系统中采用演绎规则对它们进行综合加工（付出一定的努力），最终获得语境效果。因此，话语理解的过程就是通过语境进行推理的过程。翻译的本质也是一种言语交际活动，原作作者与译者构成交际双方，译者和译语读者（接受者）又构成交际双方。原作中的每一个语句、每一段话语对译者而言即是明示刺激，这种明示刺激或明示性话语就是一组语境线索，译者在这种言语刺激作用下，就会激活其认知语境，利用词汇知识、逻辑知识及百科知识寻找关联，进行推理，推导出作者的意图，进而理解原文；另外，译者要将自己的理解传达给接受者，就要调用目的语方面的认知语境，尽量将原作内容和形式忠实地表达出来，使译文符合接受者的期待。因此，关联理论框架下的翻译就是一种对原语进行语内或语际阐释的“明示—推理”活动，这种“明示—推理”活动要依靠语境实现。

关联理论认为语境不是在话语生成之前预先确定的，而是听话者在话语理解过程中不断选择的结果，它会随着交际过程的发展而不断发展和变更。语境是一系列假设，是一个大范围的概念。要使交际成功，就要寻找话语与语境之间的最佳关联，也就是要找到对方话语同语境假设的最佳关联，通过推理推断出语境暗含，最终获得语境效果。

翻译的本质是一种交际活动，译者扮演着信息输入（对原作的理解）和输出（言语产出）的双重角色。不同的译者有着不同的认知语境，同一个译者处在不同的时间、地点也会有不同的认知语境。在翻译过程中，译者必须依赖语境，从原作的言语或语句的刺激中寻找最佳关联，再把这种关联传递给译语读者，也就是说译者把自己的理解传递给译语读者。由于译者的认知语境是动态的，加上不同语言构成的语篇或文本受不同语义、文化等诸多因素的制约，译文不可能完全对等于原文。也就是说，翻译是动态的、波动的。那么，是否说翻译的这种动态和波动性就使译文无章可循了呢？不是的。切斯特曼认为，翻译的成功取决于相关因素间的趋同。趋同与趋异是相对的两个概念。“翻译的成功”指的是翻译的效度，它与趋同度成正比，与趋异度成反比。即趋同度越高，则趋异度越低，翻译的效度就高；反之，趋同度越低，则趋异度越高，翻译的效度就低。所以，要提高翻译的效度，必须尽量使译文向原文趋同，以提高翻译的信度和质量。

翻译的本质是一种交际活动。译者必须从原作的语句刺激中寻找最大关联，通过认知语境进行演绎推理，识别作者的交际意图，进而用正确的语码传递给接受者。译者只有在原语和译语之间找到它们最大的语义和语用关联时，才能使译文最大限度地趋同于原文。因而，笔者认为翻译的趋同可分为语义趋同和语用趋同。

语义趋同指在语言形式和规约意义上的趋同，语用趋同则指在内容和隐含意义上的趋同。规约意义的识别受语境的干扰较小，而隐含意义的识别必须借助语境进行推理才能实现。翻译中，译者必须依赖语境，寻找关联，通过推理识别作者的交际意图，并对接受者的认知语境做出正确的假设，选择适当的译语，努力使原作作者的意图与译语读者的期待相吻合。翻译的本质是交际的、语用的。因此，质量好的译文必须兼有语义趋同和语用趋同，仅有语义趋同，有时译文可能传达不出原作的意图，变成“曲译”或“死译”。当然，在无法兼顾语义趋同和语用趋同时，就应该想方设法做到译文的语用趋同，以传达出作者的意图。

例 1：John can be relied on. He eats no fish and plays the game.

翻译：约翰是可靠的，他不吃鱼，还玩游戏。

例 1 在语言形式和词的规约意义上都趋同于原文，可称为语义趋同，但它没有传达出作者的意图。译者没有结合上下文语境，根据关联原则调用潜在认知语境：英国历史上旧教规定斋日（星期五）只许吃鱼，被新教推翻后，新教徒拒绝在斋日吃鱼，表示忠于新教，“不吃鱼”就转成“忠诚”之意。而“玩游戏”必须遵守游戏规则，因而就有“遵守规则”之意。所以，通过上文“relied on”这一语境和“eats no fish and plays the game”的隐含意义，该句翻译完全可以做到语义趋同兼语用趋同而考虑译为：约翰忠实可靠，斋日不吃荤，凡事都循规蹈矩。

（二）关联理论在翻译教学中的作用

关联理论对翻译教学有很大启示，它首先告诉人们，要翻译，先要理解原文。根据关联理论，要准确无误地理解原文的语境，根据语境做出认知假设，找出原文与认知假设间的最佳关联，从而理解原文语境效果。寻找关联要靠译者的百科知识，以及原文语言提供的逻辑信息和词语信息。因此，寻找关联就是认识推理的理解过程。更为重要的是，翻译是“作者—译者—读者”三元关系，原文作者和译者的认知环境不同，作者力图实现的语境效果同译者从原文和语境中寻找关联而获得的语境毕竟是两回事。这样一来，原文信息和译文传达的信息就不可能完全对等，翻译只能做到“达义”“对体”“求形”。所谓“达义”，就是正确地表达原文的意义。意义是交际的核心内容，意义的篡改、歪曲，谈不上是在翻译，只有准确无误地表达原文的意义才是翻译的首要任务。无论是明说还是暗含，意义的语码转换是可行的。

综上所述，关联理论对外语教材的编写、词汇的记忆、阅读理解教学、翻译等有着十分重要的借鉴作用，语言教师应学习语言学，改进教学方法，掌握教学技巧，培养更好的人才。

二、认知语言学意义观与翻译教学

（一）认知语言学意义观

传统的意义观主要包括指称论、使用论、行为主义论、真值条件论、概念论、成分论等。这些意义观是四种主要语言学范式的意义观的具体体现，即传统哲学、对比语言学、结构主义语言学和转换深层语法。这四种语言学范式虽有其不足之处，但都属于客观主义语言学范畴。莱考夫（1987）曾严厉地批判了这一语言学范畴。他指出客观主义语言学对于意义的核心观点是语言对现实世界的直接的镜像反映，意义来自语言本身，现实世界可以通过语言的意义得到准确的理解。由此得出描述同一场景的不同表达具有相同的意义，因为它们反映的是同一场景，如同一源语表达“玛丽把杯子打破了”既可以翻译为“Mary broke the cup”，也可以译为“The cup is broken by Mary”，因为两种译文反映的是同一场景“玛丽把杯子打破了”。

然而，认知语言学则与客观主义语言学持明显不同的观点，它认为意义不是来自语言本身而是来自对体验的理解。语言仅仅只是起激活意义的作用，语言与意义之间是导引与被导引关系，而意义就是概念化。具体地说，意义存在于人们的大脑中，而不是语言中，语言的作用只是激活意义和其所属的概念框架。意义或概念化存在于现实世界和概念结构之间的人类认知过程的结果，而认知过程是指人类识解现实世界的过程，因此，意义或概念化是人类用识解方式感知体验现实世界过程的识解结果，每一层意义不仅包括具体的概念内容，还含有相应的识解方式。如兰盖克所指出的，语言意义应该由概念内容和识解构成，一种有挑战性的意义观尤其不能忽视后者。由此可知，能够激活相应概念框架中的某一意义的表达必定反映隐含在意义中的某一识解方式。换句话说，某一具体语言构造的使用，事实上赋予了所构造的场景某一具体的意象。

另外，为了说明认知语言学的意义观，句子尤其是被动句常常用来作为说明例子。在此，必须指出这一做法大大局限了普通读者对认知语言学语义观的理解，甚至会使其误认为认知语言学语义观只适用于句法层面。事实上，词汇和句法都可用来示例这一意义观，因为两者之间没有明显的区分。兰盖克指出词和句子形成了一个符号元素的连续体。这就意味着词和句法都是语言构造，都可以构造该概念或场景，赋予概念或场景识解方式。

（二）认知语言学意义观对名词翻译教学的启示

在具体名词翻译教学过程中，教师首先需结合认知语言学意义观探索出具体的名词翻译原则，然后在此原则的指导下以引导的方式与学生探讨具体名词的翻译。

如上所述，意义由概念内容和识解方式构成，译者在用某一名词激活某一意义的同时也是在选择某一意象、构建某一场景，而翻译的性质又是在目的语中再现源语的意义。据此，可以认定翻译名词的原则，即名词翻译应该以认知意义为导向，即意义的概念内容和识解方式都应该在目的语中再现。然而，词本身所具有的特点使得这一名词翻译准则的具体实施困难重重。首先，与句子相比，词虽与句子构成一个连续体，两者没有明确的界限，但是词在结构上比句子稳定，而句子较灵活，更具有兼容性以及词无法可及的优点，比如英语句子“His disappointed feelings became the object of her compassion”，孙致礼就充分利用句子的灵活性，将其译为“他的沮丧情绪也引起了她的同情”。显然，原句的意义在译文中得到了很好的再现，因为原句的识解方式和概念内容在目的语中得到了实现。然而，如果根据本文所提出的翻译原则把名词 paperclips 直接译为“纸针”的话，其后果可想而知，虽然原词的识解方式在目的词中得到再现，但是人们无法理解“纸针”为何物。另外，人们所涉及的名词都已经深深扎根于汉英两种语言中，因为这些名词所指称的名词性概念在主要来自人类所共有的基本领域，如衣食住行等，这就意味着这些概念汉英两种语言都存在并且都有自己约定俗成的词汇表征。因此，如果按照上述翻译原则把汉语名词直接翻译到英语里，结果就会是：虽然原词所激活的概念内容和识解方式在英语里得到体现，但有可能在英语里无法激活与在汉语里一样的概念，甚至会导致误解，反之亦然。因为汉英两种语言在概念化同一实体时所采用的识解方式完全不同，自然无法激活同一概念，如“床头柜”，如果根据上述翻译原则把其译为 bed—head cabinet，就很有可能在英语读者头脑里激活的是像衣柜那样的实体，而不是摆在床边的小桌子。因此，以上提出的名词翻译原则只是描述了一种理想状态，考虑到原语意义的成功传递和目的语读者的理解两个因素，名词翻译原则应进一步修正为：在翻译名词时，译者首先应该尽量在目的语中再现源名词的概念内容和识解方式，若无法达到两者的同时再现，译者应该舍弃源名词的识解方式，而选择与目的语一致的识解方式。基于以上观点，以下将探讨概念共享情况下的名词翻译教学及概念缺失情况下的名词翻译教学。

（1）概念共享下的名词翻译教学。汉英在词汇表征同一名词性概念时存在两种情况。第一种情况是同一名词性概念在汉英两种语言中都有词汇表征，且汉英词汇表征体现相同的识解方式。这种情况的名词翻译策略为：如果源名词所表征的概念为汉英两种语言所共有，且在目的语中由体现相同识解方式的词来表征，那么源名词所激活的概念内容和识解方式都应在译文中体现出来，如概念 BOOKSHELF 在汉语里词汇表征为“书架”，该词体现了功能视角识解方式，即该词所表征的实体是用来放书的。而在英语里，该概念词汇表征为“bookshelf”，其所激活的识解方式与“书架”一样。因此，英译“书架”时，其所激活的概念内容和识解方式都应在英语中得到再现，翻译为“bookshelf”。由于这种名词翻译方法沿用了源名词的识解方式，因此笔者将其命名为传承法。第二种情况则是名词所表征的概念为汉英两种语言所共有，但在两种语言中分别由其约定俗成的词汇表征，即源名词所表征的概念为两种语言所共有，但目的语中表征此概念的名词体现不同的识解方式。由于两种语言采用了不同的识解方式，如果硬要在目的语中再现源名词的概念内容和识解方式，其结果只会是在目的语读者头脑中无法激活同一概念内容。因此，为了激活同一概念内容，只有舍弃源名词的识解方式以适应目的语中已经存在的识解方式，如一种发型在英语中表征为“Afro”，其体现了转喻的识解方式，即整个范畴被用来指代这一范畴所特用的特征。而在汉语中此概念表征为“爆炸头”，其体现的是隐喻识解方式，即头发的形状与爆炸时的情景很相似。当汉译 Afro 时，如果其所包含的识解方式保留在汉译译文中而把其译为“非洲”，那么很有可能无法在汉语读者头脑中激活“发型”这一概念。因此，汉译 Afro 时，应该在汉语目的语中选择体现相同识解方式的词，如“爆炸头”“蜂窝头”以及其他体现类似的隐喻识解方式的词。鉴于此种翻译方法涉及参照目的语中的识解方式，笔者将其命名为参照法。

（2）概念缺失下的名词翻译教学。以上主要在阐释翻译性质和认知语言学意义观的基础上提出了名词翻译原则，并在此原则的基础上提出概念共享下的名词翻译策略，即传承法和参照法。本小节主要运用这两种翻译策略来探讨概念缺失情况下的名词翻译，以期能为以后相关名词翻译提供翻译依据，并为评价已有的名词翻译提供评估标准。概念缺失是指源名词所表征的概念是源语所独有的，在目的语中不存在这一概念。对这种情况下的名词翻译方法则为传承法和参照法的结合，即参照与原概念所在的原框架相似的目的框架中相关概念的识解方式，然后决定是否传承源名词所激活的识解方式。例如“毛笔”所表征的概念是汉语所独有的，英语则无此概念，但是英语有这些概念如 quill pen（羽毛笔）、steel pen（钢笔）和 lead pen（铅笔），其与源名词所表征的概念处在同一框架下，即 pen（笔）框架。那么翻译“毛笔”时，就需参照原概念的识解方式。如果原概念的识解方式与相关目的概念的识解方式一致，那么原概念的识解方式就在目的语中得到传承。例如概念 quill pen（羽毛笔）、steel pen（钢笔）和 lead pen（铅笔）表明英语是从质地材料视角来概念化相关实体的。而汉语表达“毛笔”也反映了相同的质地材料视角识解方式。因此，“毛笔”可翻译为“hair pen”。这样，不仅原概念中的识解方式在目的语中得到再现，而且也便于目的语读者的理解，因为目的语读者可以通过人类普遍存在的识解方式即类比思维方式来理解 hair pen。通过类比，目的语读者可推导出 hair pen 与 quill pen、steel pen、lead pen 一样，也是一种笔，与其不同的是前者的笔尖是用毛做的，后者的笔尖则分别是以羽毛、钢、铅做的。鉴于此，可试做评价，即前人把“毛笔”英译为 brush pen 这一做法是值得商榷的。此外，如果原概念的识解方式与目的语相同概念的识解方式不一致，那么其应该适应目的语中的识解方式。例如 Hcontact lens 所表征的概念起初是英语所专有的，英语里突显的是眼睛和镜片之间的距离。在汉语里，同处 lens 框架下的概念词汇表征为“眼镜”“墨镜”等。从这些词汇表征可知汉语主要从镜片位置或颜色来识解这一实体。为此，可以参照这两种视角识解方式把 contact lens 翻译为“眼内镜”或“隐形眼镜”。与此同时，还存在另一种情况，即目的语中不存在与源语所特有的处在相同或相似框架下的概念，也就是不存在参照的可能性。例如英语中就没有概念与汉语概念“阴”和“阳”处在同一框架下。对于这种情况，只能在目的语中完完全全地再现原语的识解方式，从而英译为“yin”和“yang”。

综上所述，翻译是指在目的语中再现源语的意义。根据认知语言学的意义观，意义就是概念化，由概念内容和识解方式构成。在此基础上，人们提出了名词翻译原则：在翻译名词时，译者首先应该尽量在目的语中再现源名词的概念内容和识解方式，如无法达到两者的同时再现，译者应该舍弃源名词的识解方式，而选择与目的语一致的识解方式。在该翻译原则的指导下，人们提出了名词翻译的三种策略，即传承法、参照法以及传承参照结合法。传承性翻译策略是指源语名词所表征的概念为两种语言所共有，且此概念在目的语中也体现相同识解方式的词汇，翻译时源语名词所表达的概念与体现的识解方式在目的语中同时获得再现。参照性翻译策略则指源语名词所表征的概念为两种语言所有，但源语名词表达的概念在目的语中是以不同识解方式得以表征的，翻译时则采用符合目的语识解方式的词语。传承参照结合法则指参照与原概念所在的框架相似的目的框架中相关概念的识解方式，然后决定是否传承源名词所激活的识解方式。

（三）翻译教学中认知语言学的意义观与译者主体性

传统意义观根植于客观主义，认为意义是客观存在的，每个句子都有一个客观意义，这个意义并不关乎任何一个人，而是独立存在的。而现代意义观的哲学基础是经验现实主义，认为没有独立于人的认知以外的所谓意义，语言符号不是对应于客观外部世界，人的认知参与了语言的意义和推理。因此，人们说意义不能独立于人的认知以外而存在，而这也同样适用于隐喻的意义。王寅（2003）在分析隐喻的工作机制时认为，同一种语言和文化中的交际双方共享的语境知识、文化因素、常规模式等因素是隐喻得以实现其交际价值的基础。在这个基础上隐喻意义才得以形成和识别，即双方达成对某隐喻意义的共识，这样隐喻也才获得其存在的可能，才会具有生命力。但是他同时指出人的认知能力是有差别的，这会导致对隐喻理解的偏差。从跨文化交际的翻译角度来说，这种偏差是大量客观存在的。不同文化背景的目的语读者能否通过翻译来感知到源语中作者要表达的隐喻意义，无疑是检验翻译质量的一个重要标准。翻译是一种语际交流，是一种跨文化交际，也是意义通过译者从作者向目的语读者传递的过程。传统翻译观认为译者居于从属地位，是原作者和读者之间的隐形人。解构主义颠覆了这一想法，认为译文不再是原文的附庸。从此，译者在作者和读者间逐渐开始显露其存在和作用。

二十世纪七十年代翻译界出现文化转向也一定程度上凸显了译者的主体

性。“译者从被动、从属的地位中解放出来，享有翻译主体的充分自由，使平等对话与创译成为可能，译者也因此能突显个人的意志，张扬个性，发挥译者的主观能动性。”但是译者的主体性并不意味着译者可以任意妄为。译者的主观能动性必须是建立在客观文本基础之上的，也必须以译者本身的认知结构为依托，并体现作者的认知结构和对目的语读者认知能力的预测。无论译者在翻译过程中体现怎样的个人意志，采取怎样的翻译策略，译者主体性所起到的作用最终还是为传达意义，即为跨文化交际这一目的服务的。也就是说，译者既要面对原作者、原作，又要面对读者，考虑读者在自身文化中的接受能力。宗教词汇隐喻的翻译对译者提出了较高的要求，译者须以传达意义为目的，力求在源语和目的语以及两种文化之间取得完美的平衡。

三、言语行为理论与翻译教学

言语行为早在二十世纪 50 年代就是语言哲学家的研究对象。所谓言语行为，即人们为实现交际目的而在具体的语境中使用语言的行为。言语行为并非“言语的行为”，而是一种交际活动，涉及说话者说话时的意图和他在听话者身上所达到的效果，即言语就是行为。言语行为理论的创始人是英国哲学家奥斯汀。他设想了言语行为的三分说：言内行为、言外行为以及言后行为。

言内行为指的是“说话”这一行为本身，即发出语音，说出单词、短语和句子等。这一行为本身不能构成语言交际。言外行为是通过“说话”这一动作所实施的一种行为，如传递信息、发出命令、问候致意等。言后行为指说话带来的后果，即说话人说出话语后在听话人身上产生了哪些效果。例如，“我饿了”这一言语行为，其言内行为就是说出这三个字；言外行为是实施说话人的一种“请求”行为，请求听话人能提供一些食物；对方提供食物与否就是言后行为。在这三种言语行为中，语用研究最感兴趣的是言外行为，因为它是同说话人的意图一致的。说话人如何使用语言表达自己的意图，听话人如何正确理解说话人的意图是研究语言交际的中心问题。

（一）理解原文的内涵

翻译是一种跨语言、跨文化的交际行为。根据认知语用学的观点，要确定话语意义，就必须充分考虑说话人的意图或语用用意、交际场合以及听话人的背景知识、信念、态度等语境因素。而语境因素往往又不止一个，它“可以是语言语境（上下文），也可以是具体语境（交际场合），还可以是认知语境（记忆和知识结构）”。说话人正是通过这一系列语境信息来传达他意欲表达的话语意义。从言语行为角度论述翻译，就是要求译者正确领会原作者的主观意图，教师要使学习者认识到，翻译绝不仅仅是一种从原作到本族语的转换。根据言语行为理论，译者在翻译过程中，不仅要理解原文的字面意义，更重要的是要弄清原作者的真正意图，同时根据不同的交际情景、文化传统、社会条件、思维方式、语言结构和表达方式等有的放矢，才能译出精品佳作来。

例 1：It seems to me what is sauce for the goose is sauce for the gander.

这里译者如果不懂得其内在含义就很有可能译成“我觉得煮鹅用什么酱油，煮公鹅也要用什么酱油”。这样读者就会感到莫名其妙不知所云。译者若能透过表层理解深层意义就可译出“我认为该一视同仁”，从而将作者的原意清楚地表达出来。

例 2：Do you think he has it in him？你认为他干得了吗?

in him / in her / in them 中的 in 常表示“有能力做什么”而不是“有什么”。

例 3：The study room had a Spartan look。

这句话的理解就涉及了文化背景知识，因为其中包含了一个典故，如果译成“这间书房有斯巴达的景色”，不熟悉 Sparta 的读者就不知其所云了。Sparta 是古希腊的一座重要城市，在历史上占有重要的地位，Spartan 是斯巴达人、斯巴达式的意思，斯巴达人素以刚勇简朴著称，因此这句话最好译为“这间书房有一种斯巴达式的简朴”，并加注（注：斯巴达人以简朴著称）。

（二）翻译时注意言外之意

翻译最主要、最根本的任务是再现原文的意义。美国翻译理论家奈达说：“翻译就是翻译意义。”可见，意义及语用意义是翻译的出发点和归宿点。由于他设计了两种语言的语用原则，推导出原文所示的言外之意并使译文读者理解这一言外之意，使两种不同的语用意义的差异得到沟通、融合。

例 1：Out of sight，out of mind.

其言外之意是 persons or things not seen for soon forgotten. 看不见的人或物会很快忘掉，意思是看不见就想不起来，所以可译为：别久情疏（眼不见，心不念）。

例 2：A miss is as good as a mile（a failure is always a failure，however near it may be to succeed；a narrow escape is the name in effects an escape by a wide margin）。

再接近成功的失败也是失败，侥幸逃脱与从容脱身都是保全性命。错误再小终是错，死里逃生也是生。

例 3：Lock the stable door after the horse has been stolen.

这句话类似于汉语中的"亡羊补牢"，只是英语中的horse变成了"羊"而已。然而"亡羊补牢"往往还有后半句"为时未晚"，意思是一群羊跑了几只，再修补圈也还来得及，受到损失后想办法补救，免得再受损失。可是，英语的言外之意却是：It is use less to take precautions after something has happened that could have been fore—seen and guarded against（用来可以预见或防范的事发生了，再采取措施也无济于事了）。仅有的那匹马被人偷走，再去锁马厩的门也没什么意义了，所以英语的言外之意是"来不及"。汉语的言外之意是"来得及"。可见下面的翻译比较得体：亡羊补牢，为时已晚（贼走关门，马后炮）。

例 4：Given a dog a bad name and hang him.（given a person a bad reputation，slander him，and the bad reputation will remain.）

给某人加上一个坏名声，他就永远洗刷不掉：人言可畏，众口铄金（受人诬陷，有口难辩）。

上面的翻译不仅理解了英语本族语人的语用意义，还适合汉语读者理解，语用意义一致，相通的译文，使原句的语用意义和译句的语用意义达到契合。

所以，教师在教授学生时，要让学生了解不同文化内涵及其言外之意。英语和汉语之间有着由人类共性所决定的语言共性，这是英汉语之间得以互译的前提。但英汉语言分属于两种截然不同的语系，两种语言在语音、词汇、语法、语义等各方面差异很大。尤其是两种语言根据其语法关系的习惯用法表现在句子结构和表达方式上存在很大的差异，正是这种差异给两种语言的顺畅互译带来了障碍。如：American education owes a great debt to Thomas Jefferson. 学生原译为：美国教育大大归功于托马斯·杰弗逊。指导后译为：托马斯·杰弗逊为美国教育事业做出了巨大的贡献。学生缺乏对英汉思维差异的了解，过分拘泥于原句的框架结构，导致汉语译文并不十分通畅。在教学中，教师适时地指导学生对两种语言的异同进行对比，增强他们对英汉语言差异的理性认识，力求引导学生在语言学习中自觉探寻并逐步掌握两种语言相互转换的基本规律，掌握英汉互译的基本原理知识和常用技巧，以便有效地指导自己的翻译实践，提高自己的翻译能力。

第四章　基于信息技术的高校英语翻译教学研究

随着互联网技术、网络技术和通信技术的不断发展，人们的生活和工作与信息技术越来越密不可分。课堂教学与信息技术的融合是必然趋势，因此，新的教学模式应运而生。把新的教学模式应用于英语翻译教学过程中，建构出合理的大学英语翻译教学模式，可使学生便捷、高效地利用丰富的教学资源，提高其自主学习的能力和翻译能力，实现课堂翻译教学最大化效益。本章主要以信息时代为背景，对高校英语翻译教学进行全面探索。

第一节　翻转课堂在高校英语翻译教学中的应用

一、翻转课堂概述

（一）翻转课堂的定义

翻转课堂是在信息技术支持的环境中，教师在课前为学生提供针对性的教学视频和学习任务单等资料供学生开展自主学习，实现知识传递；在课上通过自主探究、合作探究、师生共同答疑等形式，完成学生知识内化的一种新型教与学的形式。

（二）翻转课堂的特征

1. 教学视频短小精悍

教学视频共同的特点就是短小精悍。大多数的视频都只有几分钟的时间，比较长的视频也只有十几分钟。每一个视频都针对一个特定的问题，有较强的针对性，查找起来也比较方便；视频的长度控制在学生注意力能比较集中的时间范围内，符合学生身心发展特征；通过网络发布的视频，具有暂停、回放等多种功能，可以自我控制，有利于学生的自主学习。

2. 教学信息清晰明确

“翻转课堂”的教学视频与传统的教学录像不同之处在于，视频中出现的教师头像，以及教室里各种物品摆设，都会分散学生的注意力，特别是在学生自主学习的情况下。因此翻转课堂的教学视频强调录像环境不要有干扰因素，应采用一对一讲解方式，让学生感觉教师只是给他一个人在讲课。

3. 重新建构学习流程

教学流程的颠倒无疑是翻转课堂最明显也是最外化的标志。通常情况下，学生的学习过程由两个阶段组成：第一个阶段是“信息传递”，是通过教师和学生、学生和学生之间的互动来实现的；第二个阶段是“吸收内化”，是在课后由学生自己来完成的。由于缺少教师的支持和同伴的帮助，“吸收内化”阶段常常会让学生感到挫败，丧失学习的动机和成就感。“翻转课堂”对学生的学习过程进行了重构。“信息传递”是学生在课前进行的，教师不仅提供了视频，还可以提供在线辅导；“吸收内化”是在课堂上通过互动来完成的，教师能够提前了解学生的学习困难，在课堂上给予有效的辅导，同学之间的相互交流更有助于促进学生知识的吸收内化。

4. 师生角色的重新定位

教学流程的翻转及信息技术与教育的深度融合都引发了师生角色的改变。教师变成学习的设计者和推动者，学生成为学习过程的主体和中心。但这并不意味着教师作用的弱化，相反，教师是施行翻转课堂的关键因素，其作用更加重要。

5. 对信息技术依赖程度的增强

学生在课外学习如果没有信息技术的支持，就难以得到教师的帮助，影响学习效果。无论是教学课件还是教学视频，都需要信息技术的支持才能方便有效地传递给学生；而对于学生课前学习效果的检测，更需要信息技术的支持。这就对教师提出了更高的要求：要不断学习信息知识，提高操作能力。

（三）翻转课堂的本质

翻转课堂在本质上是基于“互联网 +”的智慧教育。

1. 翻转课堂在本质上追求创新和智慧教育

教育最初以培养人的智慧为主要目的。到了大工业时代，工厂需要使用大量具备专业知识和技能的工人，教育才转向以掌握知识为主要目的。当下信息时代，随着互联网技术的发展和广泛应用，社会出现严重的“知识大爆炸”现象，学习由短缺转向过剩，进入所谓的“过剩时代”，知识超载和易得，以“掌握人类所有文明成果”为目标的知识教育，变成不可能和没有必要完成的任务。而如何获得知识、选择知识、处理知识、应用知识和创新知识，即统率知识的能力和智慧却变得越来越重要。翻转课堂以掌握知识为基础，以知识创新和发展人的生命智慧为主要目的。它专注于培养处理问题和应对危机的能力，也促进学生对人生的思考。它让学生学会运用已有的知识和经验对自己与他人、社会、自然的关系进行积极审视、理解和洞察，并对他人、社会、自然关系给予历史的和未来的多种可能性关系进行明智、果敢的判断和选择。

2.“翻转”的过程是学生智慧发展的过程

智慧是人类先天遗传与后天环境交互作用的结果，而后者对智慧的作用更为巨大。智慧教育是信息时代教育教学的新愿景，但真正实现智慧教育和智慧发展并不容易，需要创设良好的学习环境和社会环境，采取有效的教学方式方法。智慧不同于知识，因此我们不可能通过知识的堆积而获得智慧。我们在探明世间万物和人生真相与真义的过程中，通过“主体自觉”而获得智慧。这一过程，离不开知识的整合和应用创新。

翻转课堂由于突破传统课堂教学的时空限制，将“最合适的教学过程”安排在“最合适的时间”，接受学习与探究学习有机结合、优势互补，有利于解决传统教学的两大“顽疾”：一是无暇顾及学生学习差异的问题；二是对学生创新能力培养缺乏重视的问题。翻转的过程，就是碎片知识的学习与整合创新的过程，与智慧发生的过程有异曲同工之妙。因此，翻转课堂不仅有利于知识的学习，更有利于学生知识应用和创新能力的培养和智慧的发展。

翻转课堂是手段，更是价值；是术，更是道；是谋略，更是哲学。从价值层面看，它是智慧课堂，是以“联通”为手段，以发展智慧为目的的智慧教育。明确这一点，不仅有助于提高翻转课堂教学的品位和品质，使其不局限于为应试教育服务，也有利于智慧教育的发展。

二、翻转课堂在英语翻译教学中应用的可行性

（一）实施翻转课堂有很强的现实意义

翻转课堂采用先学后教的教学模式，利用信息技术设备，让学生在上课

前进行知识的自主学习，而把课程知识的应用与探究放在课堂上。学生在课前进行学习时，对于课件或教学视频中的难点可以反复观看进行理解，有疑问的地方可以记录下来在课堂上向老师提出，或者直接在网上向教师提问，从而让教师有针对性地备课。课堂上教师除了对难点进行答疑解惑，也会组织学生进行知识分享和小组讨论等互动活动，增加了师生间的沟通，也提升了学生在课堂中的参与度，促进了英语翻译教学效果的提升。

（二）翻转课堂符合英语翻译教学的特点

英语翻译课程具有很强的实践性，学生只有在大量的实践中才能逐渐积累翻译的技巧和经验，提高翻译能力，而仅靠课堂短暂的教学时间很难促进学生翻译能力的提升。目前的翻译教学主要教授具体的翻译技巧和应对具体问题的具体翻译方案，仍然保持着传统课堂中的直线型教学模式，完全是以教师为中心的。这种教学模式往往导致英语翻译专业毕业生的综合知识比较局限，而且翻译的实践也通常会受到教学上的翻译积累的限制，缺乏面向市场服务的翻译意识。实施翻转课堂后，教师可以利用课堂时间组织学生进行英语的表达和互动活动，学生可以获得大量的翻译实践机会，从而逐渐积累翻译的技巧和经验，提高翻译能力。因此，实施翻转课堂的教学模式符合英语翻译教学的特点。

（三）教学环境可以达到实施翻转课堂的条件

随着信息技术的发展和普及，目前绝大多数高校的教室都有无线网络，学校内普遍配有计算机实验室，智能手机和笔记本电脑等上网设备也已经在学生中得到普及，已基本达到实施翻转课堂的要求。同时随着信息技术迅速发展，网络英语教学资源也会更加丰富，学生课前除了可以学习教师录制的微课程，还可以访问英文学习网站、阅读英文小说或者观看英文电影作为补充材料，极大丰富了教学内容。除此之外，随着时代的发展，英语翻译教学也必须做出改变，去努力接受各种新知识的介入，而翻转课堂的教学模式给英语翻译教学增加了新的教学媒介和信息来源。

三、基于翻转课堂的英语翻译教学模式与课堂案例

（一）英语翻译翻转课堂教学模式设计

1. 课程开发

课程开发是整个课堂的基础，是翻转课堂成功与否的关键，主要由教师来完成。国内英语教学轻视翻译，大学生一、二年级学生普遍没有掌握好翻译技能，甚至还没有入门。教师在课程开发过程中应着重考虑学生的现有认知结构，以及对新知识、新技能的同化能力，然后选择难度适中、略高于学生现有认知结构的段落原文为学习者设计合理的学习方法。在有条件的情况下，教师还要精心制作学习视频供学生观看学习，视频涵盖段落翻译解题的整个过程，包括每个细节。学习内容和学习方法都要结合视频、文档、演示文稿、电子书包、网络、计算机、手机等媒介来实现。

2. 学习先行

学习先行，即学生的自主学习，发生在课前和课堂的开始阶段。得到教师开发好的资源后，学生应该主动积极自主学习。通过观看学习视频、学习文档、演示文稿等掌握初步的段落翻译技能；遇到难以理解的地方可以反复观看学习，并选择与同学或教师进行交流，最终达到理解掌握；确有不能解决的难点，可以留到课堂上，在教师的帮助下解决。在学习过程中有困难的学生，可以通过 QQ 群、微信群或微博等网络媒介与教师进行即时交流，同时，教师也可以对学生的学习过程起到一个督导的作用。

3. 课堂内化

传统的课堂教学模式将学习先行纳入课堂教学活动，师生共同面对崭新的知识，通过师生、生生交流、协作的活动形式，重点解决学生在自主学习中遇到的疑难问题，并通过教师的引导强化翻译知识，使其条理化、系统化，帮助学生形成新的知识结构，然后引导学生将翻译知识转化为实践能力。

4. 评价反馈

评价反馈主要是对学生已完成的学习效果进行科学有效的评测。教师通过布置段落翻译来检测学生对应段落翻译的能力提升情况。评价反馈的主要目的是监测学习效果，包括学生对段落翻译概念和应对步骤的把握，以及翻译实践操作的能力；同时，也可以检验教师的教学效果、课程开发质量和课

堂内的引导效果。

5. 研讨总结课堂

研讨总结课堂主要是指总结成功经验，发现其中存在的不足，并找到应对策略。研讨总结不能只有任课教师一个人完成，应在其他任课教师和学生的共同参与下完成。教师除了总结反省自己的整个教学过程，还应吸收其他教师和学生的反馈信息，这样才能全方位地对整个段落翻译的翻转课堂进行把脉，形成全面、科学、有效的教学反思，有针对性地优化整个教学方案，提升下一节的教学开发。

在上面的五个步骤中，翻译课程开发需要教师在了解学生水平的基础上独立完成，课前自主学习需要学生在教师提供的段落翻译资源基础上独立完成，剩余的三个步骤则都需要教师和学生的密切配合才能完成。在整个教学过程中，学生占主导地位，教师起辅助引导作用，不仅有助于提高学生的翻译实践能力，而且有助于发展教师的翻译教学能力。

（二）英语翻译翻转课堂案例

英语翻译翻转课堂有很多成功的案例，下面以某大学英语翻译课程翻转课堂案例为案例进行分析。

1. 课前准备工作要充分

（1）教师制作视频。教师在课前要做好视频，提供相关素材。教师要根据学生的特点、课程的性质以及教学目标要求来自制教学视频，视频时间不宜太长，一般在 10 分钟左右，这样便于学生集中注意力，引发学生主动学习和思考。

（2）学生观看视频。学生看视频不受时间和地点的限制，可以在家看视频学习，可以白天看，也可以晚上看，看累了可以休息一下再继续看。学生可以一边看，一边做好笔记，把重难点或自己不懂的地方写下来，以便在课堂上与同学和教师一起进行讨论与交流。

（3）课前练习及师生交流。学生看完视频后，要完成教师提前布置的作业，如果在做作业的过程中遇到了疑难问题就可以通过社交媒体与同学或教师进行交流。

2. 课堂设计

课堂设计应充分调动学生的积极性。在进行课堂活动设计时，教师可以依据建构主义学习理论，充分发挥学生学习的积极性和主动性，从而实现知识的内化。

（1）确定问题。在翻转课堂教学活动中，教师可以将学生在课前观看的视频及所做的练习中遇到的疑难问题以及在课前通过远程与学生进行讨论后还没有解决的问题在课堂上提出来，共同进行研讨。另外，教师觉得是难点和重点的问题也可以提出来进行讨论。

（2）解决问题。针对在翻转课堂上提出的翻译问题，学生可以自由选择自己感兴趣的或比较了解的问题、题目进行独立探索，不断培养独立意识和自主学习能力。翻转课堂也就是反转课堂，是指从传统的学生被动接受知识和答案转到学生主动独立思考和解决问题，从而让学生在独立学习的过程中达到知识内化和知识体系的构建。

在该校的翻译课中，每位学生通过提问确定问题后，然后在课堂上进行师生和生生之间的讨论，最终解决疑难问题，对知识进行了重新构建，培养和提高了独立自主的学习能力。

3. 探究活动

教师要组织学生对在课堂上提出的有关翻译问题进行探究活动，把学生分成若干组，每组 2 ~ 5 人，并且每组确定一位组长，针对提出的问题进行探究式研讨，每组成员都必须积极参与其中。在翻转课堂的问题探究活动中，通过小组讨论与交流来完成学习任务，教师要随时注意学生的探究动态并及时进行指导。

（1）交流成果。针对共同提出的翻译问题，学生经过独立思考、集体探究后，把小组讨论的最终结果通过多种形式（成果演示、小型比赛、辩论会或报告会）来进行展示与交流，从而分享学习的收获。

（2）评价与反馈。翻转课堂上的反馈和评价与传统课堂有很大不同。传统课堂上一般是教师给予评价，而翻转课堂上除了教师，专家、学者、学生都可以参与其中，这就体现了翻转课堂上反馈评价体系的多维度，并且评价方式也是多元化的评价：形成性评价与终结性评价、自我评价与他人评价。通过多维度、多方式的反馈评价结果，教师最终确定下一节翻译课的教学计划。

4. 重视课后总结与反思

翻转课堂教学模式主要由课前和课上两部分构成，但是课后的总结与反思也是很重要的。教师和学生都需要对课堂上的问题进行总结与反思，然后传到网络平台，供师生之间互相讨论。这些经过整理的资料也可以长期保存下来，以备学生查阅，没有参加课堂讨论的学生也可以课后补救学习。因此，课前、课上、课后三部分是互相补充、互为一体的。

这一轮的教学行动研究受到了学生的一致好评，学生很享受小组讨论这过程。教师在班级各组间巡视时，发现学生关注的知识点会超越教师的认识，这对教师来说也是一大收获。此轮教学行动研究虽解决了上一轮的问题，但同时又出现了两个新的问题。首先，在组织课堂讨论的过程中，教师对学生的讨论时长很难掌控。按计划，学生的讨论时间设定为 20 分钟，但最终学生用了 35 分钟去讨论，打乱了教学安排。在代表上台口头陈述时，在某些方面的讨论上停留过久，最终导致最后四组的代表没时间上台发言，只得匆匆地读了下他们的译文，教师直接做点评。

因此，在进行课堂讨论时，一大难点就在于时间的掌握。若时间管理不当，就很难完成教学任务。其次，由于课堂上学生积极参与讨论，教学内容会得到极大拓展，这就要求教师课前必须做足功课。结合学生的作业批改情况和在线答疑，教师要清楚学生在哪些方面存在疑惑，还要预测学生可能在哪些方面会提出问题。对需要重点讲解的地方，教师要做好标注，以便在课堂讨论时，能够有针对性地给予学生反馈。翻转课堂翻译教学模式无论对教师还是对学生都提出了更高的要求。带着这些问题，教师将进行下一轮的翻转课堂教学行动研究。

第二节　慕课视角下的高校英语翻译教学

一、慕课概述

（一）慕课的定义与特征

1. 慕课的定义

慕课是从英文 MOOC 直译过来的。MOOC 为大规模在线开放课程，我国学者一般称之为“慕课”。大规模包括三层含义：一是课程的内容庞杂；

二是课程所容纳的学生数量多；三是影响力扩大，学习该课程的人数越来越多。

“M”代表Massive，意为大规模的、大量的，注册人数多，课程资源丰富；“O”代表Open，意为开放的、公开的，学生学习空间和学习资源的开放，学生以兴趣导向，凡是想学习的，都可通过注册学习，即使是一些盈利公司或者教育机构的课程，学生也可以免费利用其课程资源；“O”代表Online，意为“在线的”，教师讲授、学生学习、师生或生生之间互动交流、进阶作业、监测评价等都可以通过互联网络在线实现；“C”代表Course，意为“课程”，包括讲授主题的提纲、讲授内容的视频、各种学习资料、进阶作业及学习注意事项。

简而言之，慕课就是大规模网络开放课程中的一种。它有别于传统的电视广播、互联网、辅导机构、函授等形式的远程教育，也不完全等同于近期兴起的教学视频网络公开课，更不同于基于网络的学习软件或者在线应用。

慕课的独特之处主要体现在以下两个方面：所有课程必须是向所有人开放，并且力争做到免费；典型的慕课必须是大型的、大规模的课程。慕课微视频设计不是简单的搜集信息，而是一种新型的将分布于世界各地的授课者和学习者通过某一个共同的话题或主题联系起来的教学模式新方法。因此，慕课是一种新型的在线网络开放课程模式，是互联网技术进步和网络学习实验的演化产物。

2. 慕课的特征

（1）在线开放，实现资源共享。慕课教育与传统教育的最大区别在于，慕课是在网络技术的基础上建立的，它依托网络而生，因此具有许多网络的特性与优势。慕课能够为学习者提供丰富的学习资源，还能够实现知识共享、课程共享、教学成果共享等。传统课堂教学受到多方面的限制，影响力较小，但是慕课的出现使课堂的时空限制被完全打破了，任何人都可以免费参与到网络课程的学习中，对学习者没有任何准入门槛，也没有地域方面的限制。不同专业、不同层次的学习群体都能在慕课中找到自己需要的学习资料，这正是慕课开放性特点的鲜明体现。

（2）内容丰富，满足个性化需求。由于慕课的资源内容非常丰富，因此，它可以满足不同学习个体对知识的个性化需求。在慕课平台上，学习者可以为自己创设一套独一无二的课程模式，人们可以选择自己感兴趣的课程，也可以根据自身的学习能力或职业规划进行课程的选择，整个学习过程中，学习者可以自由掌握自己的学习进度，这在最大限度上满足了学习者的个性化需求。除此之外，学习者还可以借助慕课平台向教师寻求指导，教师可以监督学习者的学习进度，提醒学习者调整学习状态，及时解答学习者在学习过程中遇到的问题，对学习者予以针对性的指导，做到因材施教，从而增强学习者的学习效果。

（3）立足学生，实现自主学习。

慕课的教学方式完全颠覆了以往传统的教学模式。在慕课教育中，学习者的中心地位得到了突出，学习者在课堂上不再是消极的、被动的，而是积极的、主动的，教师在其中只是适当地发挥指导作用，引导学习者整理知识信息，完善知识系统。慕课能够促进学习者自主学习能力的提升，有助于学习者将所学知识进行有效内化。学习者可以在慕课教育平台上，进行课前预习，也可以进行自我测评，还可以与同学互相讨论，充分发挥学习的自主性，完全把握自己的学习进度与学习状态。

（4）多重互动模式，多元评价体系。慕课教育依托于网络平台，因此其互动性极强，在教授知识的过程中，始终没有忽视与学习者之间的互动。慕课教育平台使学习者与学习者之间、学习者与教师之间形成了多重互动，这种互动能够有效激发学习者的学习积极性，使课堂的学习氛围变得更加轻松愉悦，以此减轻学习者的学习压力，使他们能够在一个轻松、愉悦的环境中进行学习。此外，慕课教学模式下的评价体系也变得更加多元化了，针对学习者的评价不再只是单纯地依靠分数，而是会考察学习者各方面的状况，进行综合性的评价。

由此可见，慕课教育的优势已经表现得非常明显，慕课的发展推动了高校英语教学的改革步伐。慕课在高校英语课堂中的应用，有效地提升了教学质量，对英语教学改革来说非常有益。

（二）慕课与精品课程

1. 精品课程的定义

精品课程是具有一流的教师队伍、一流的教学内容、一流的教学方法、一流的教材、一流的教学管理等特点的示范性课程。课程遴选以教学效果和社会认可度为依据，高校是精品课程建设的主体，课程主要通过教师的教学能力与人格魅力进行展现。

2. 慕课与精品课程的区别

虽然精品课程与慕课在发展中都借助了网络，但是二者之间还是有很大的区别，主要体现在课程目标、课程内容、教学方法、学习互动、教学长度五个方面。

（1）课程目标：精品课程主要面向高校学生，是通过增加课程的思想性和生动性以提高课程质量；慕课面向社会开放教育资源，力图将优秀的教育资源惠及一切人。

（2）课程内容：精品课程把一些优秀的课程录制下来投放到学校网站上，内容主要是以基本的理论知识为主；慕课是在线式开放课程，内容覆盖面十分广泛，涉及国内外多个学科领域。

（3）教学方法：精品课程仍是传统课堂的沿袭，依然是以教师讲授为主，教师是课堂的主导；慕课采用的教学形式多种多样，小组合作、问答、任务指导法、作业等，学生的主动性更强，教师更像是一个指导者和辅助者。

（4）学习互动：在精品课程的课堂中，学生主要是接受教师讲授的知识，学生主动性体现不够，师生互动不明显，教师和学生以及学生之间的课下交流沟通几乎不存在；慕课借助多种网络工具——微博、邮箱、微信等，学生可以在线进行交流，在课程中，不时蹦出小弹窗（教师提出的即时作业），每节课结束还会有课下作业，线上和线下都有专门人员解答学生遇到的问题，师生的交互作用频繁。

（5）时间长度：与慕课和微课不同的是，精品课程每节课的时间有30 ~ 40 分钟，这对学习者的时间要求比较高；“慕课”每节课 10 ~ 15 分钟，学习时间更灵活。

精品课程是由名师讲授的高质量课程，且开始时间早，发展已具一定规模。精品课程的建设以及管理方面已有相关的国家政策和法规条款作保障。精品课程作为开放教育资源的一种，对于我国慕课的发展具有很大的借鉴意义。慕课建设可以利用现有精品课程资源，在精品课程基础上进行改造，将适合网络教学的教育资源应用于网络公开课。例如，提炼课程的内容、缩短教学时间、提升课程的思想性、增强教师个人魅力、加大课程的覆盖面等；

改变教学方式，以学生为中心，增强学生在课堂中的主动性，在改造过程中，加强学校的参与，争取学校的支持。

（三）慕课对传统教学的突破

1. 打破了消除身份资格的限制

布尔迪厄认为考试是进行社会分层的工具。因为考试只能保证表面平等，却根本不考虑学生社会出身的实际不平等，对于社会不平等的误识，导致了以天资方面的不平等来解释所有的不平等，特别是学习方面的不平等。他将会考（类比中国的中考、高考）看作是一种设立围墙的行为，认为会考在最后一名入选者和最前面一名淘汰者之间设立了一条社会边界、一种不连续性、一种身份资格。可以说，通过考试标准跨越围墙即获得这种身份资格。在围墙内的人与在围墙外的人将拥有不同的学习机会、文化资本，以及将进入不同的社会层级之中。这种社会边界和围墙，在一定程度上是建立在人们的认可之上的。想要获得某种教育要拥有特定的身份资格，而获得这种身份资格既有通过考试的方式，也有通过金钱与权力的方式。

有人说能够接触互联网、社会成员的英语水平也是一种身份资格、一种通行证、一堵围墙。信息技术能力及英语能力的培养，在很大程度上，受到家庭社会资本的影响，拥有更多的社会资本、经济资本，个体将更早地接触到互联网技术、学会使用电脑，而拥有更多的社会资本、经济资本，可以为子女提供更多更好的英语教育。在教学中，我们发现有部分学习者提出自身英语能力的不足，使得学习者无法有效学习自己感兴趣的课程。对于这个问题，学习者们自发组建了字幕组，将中文学习者们比较关注的外文课程翻译为中文，以供中文学习者参考和学习；此外，也有学习者因为希望自己能够学习感兴趣的外语课程，便下决心提升自己的英语能力。通过考试设置的身份资格是教育体系的一个特定安排，很大程度上涉及学校是否给这片区域招生名额，以及给了多少招生名额的问题。慕课模式消除了通过考试设置的身份资格，只要个体可以连接使用互联网，就可以获得慕课，而不需要考察教育背景、文化背景甚至是政治背景。在这个平台里，聚集着不同背景、不同场域中的学习者，异质性得到极大的包容和发挥。慕课对于身份资格限制的消除，正体现了开放教育中理念中对于教育对象的开放这一内涵。

2. 教育时空的开放

吉登斯认为，现代性的动力起源于时间与空间的分离，时空的分离构成了时空伸延的条件，时空在形式上进行了重新组合，而这种重新组合又使得社会生活出现了精确的时空“分区”，从而导致社会体系从地域性情境中被提取出来，即脱域。在吉登斯的观点中，时空的分离打通了社会活动与其嵌入到在场情境的特殊性之间的关节点，是脱域过程的初始条件。同时，被脱域了的制度反过来又扩展了时空伸延的范围。时空的分离为现代社会生活的独特特征及其合理化组织提供了运行的机制保障。

在网络社会中的社会转化过程，超越了生产的社会与技术关系领域，这些过程也深刻地影响了文化教育领域。互联网作为一种传播媒介，使得知识与教育资源具有了可存储性、再现性、多方同时可及性、开放性等新的特性。信息和知识以数字的形式存在于网络之中进行传播，教育也借助网络的力量以信息流的形式在全球范围内流动，超越了传统教育中的时空限制。

教育借助互联网的力量突破了传统教育中的时空限制，对个体学习者而言，消除了其学习的时空限定，也消除了学习者之间进行互动的时空限定，即上文所说的慕课中学习共同体的脱域特性。

3. 知识的传递具有开放性与流动性

传统教育中，知识的传递是由一个班级的教师到该班级的学生，是封闭的；而慕课中知识的传递是由世界范围内的高校教师向全球课程注册者进，学习者之间也进行着知识的交流与传递，知识的传递更具开放性与流动性。在慕课中，教育提供者与接受教育者之间借由网络化的连接与互动，形成了一个多中心、开放的、动态的并且是充满活力的复杂网络。在慕课中，知识在教师与学生之间、教师与教师之间、学生与学生之间进行传递。凡有所长者，皆可为他人之师。

在传统教育中，知识都是由教师向学生传递的，教师在整个教育过程中占据主导地位，尽管部分学校也有提出“以学生为中心”的教学模式，学校也在倡导同学间互相促进学习，然而实际效果却差强人意。在慕课中，一方面由于它不同于传统课堂考核模式的设计，如作业互评；另一方面也由于它提供了这样一个开放的平台，让学习者们能够各展所长，而非以授课教师为中心。在慕课中，学习者的身份是动态变化的，在某一学习活动中，你可能是专家，但是在另一学习活动中，你可能是作为新手参与的。学习者不再是知识的被动接受者，而是可以发表自己见解的主动参与者；教师也不再是传授知识发起教学的领军人物，而是学习者的伙伴和学习的促进者。

4. 促进社会整合成为一种可能

慕课如何发挥其整合功能？社会学专家对于互联网对社会关系的影响做过许多研究，如在互联网这样的虚拟领域是否能够产生一种通常意义上的持续的人际关系，这种虚拟的关系是否使日常的人际关系疏远等议题。研究表明，网络互动可以产生具有高度信任、互惠和广泛支持的人际关系，这种关系并不必然疏离或延伸日常人际关系，其对后者的影响是由多种因素综合决定的；网络中的互动一般会形成弱关系，但是并不排斥强关系的产生。通过分析可知，在慕课中，存在着一个巨大的学习共同体，在这个群体内，有着一套不成文的学习交往规范，学习者在交往中遵守这套规范，在一定意义上也会影响其线下生活的社会交往；而且，在慕课中的日常社会交往互动中，学习者之间建立了广泛的社会联系。

另外，关于教育公平、教育差距等问题在社会及学术界已经有诸多讨论。在传统教育中，社会成员由于社会资本、经济资本等方面的差异，在通过考试才能获得某种身份资格的这种选拔方式中，社会个体间并不平等。此外，由于优质教育资源的有限，以及知识传递途径的限制，许多人都无法接触到优质教育。慕课最基本的意义之一，就是通过将优质教育资源放到网络中，实现了教育资源在全球范围内的连接与传递，在很大程度上优化了教育资源的分配，也扩大了已有优质教育资源的储备。不仅如此，学习慕课不需要通过考试，不审核你来自哪个国家、你的家庭背景，学习者不需要获得传统教育中的那种身份资格。甚至，学习时间、学习进度都可以由学习者结合自身情况进行自主安排。慕课通过开放式的教育实现了对传统教育的超越于突破，在一定程度上缓和了教育不平等的社会矛盾，而如何更好地获取及使用这些资源则是需要我们给予重视的研究议题。

二、基于慕课的学生翻译能力的培养

（一）基于慕课的翻译人才培养模式的可能性

学生翻译能力的提高需要以大量翻译训练作为支撑，因此教师应提供大量科学、实用的实践材料，引导学生在课堂上进行高强度、高质量的训练并为学生课下自主材料收集和训练提供标准。然而目前翻译人才的培养存在的问题是：课堂选材不够具备代表性和指导性；材料大多属于政治经济范畴，对科技、化工等专业性强的领域涉及较少；材料内容未紧跟潮流，参考译文的表达没有体现最新的翻译策略等。这些客观存在的不足都导致学生学习的积极性难以被调动，学习效果不尽如人意，学生能力难以满足市场对翻译人才的要求等结果。如何为学生构建一个更加方便、实用、高效、资源丰富的翻译学习和实践平台？慕课的出现为我们提供了新的解决方案，其特点和优势可以很好地弥补现有机制的不足，为翻译人才培养带来新的机遇。在大数据时代，教师利用便捷的网络技术搜索、收集、整理海量的信息并将其制作成慕课呈现，从而让学生接触到最新的理念以及技术知识并为实战做好储备。在这种把课堂面授教学和慕课在线学习结合起来的“混合式教学”模式中，课上教师和学生充分讨论，教师对学生的表现提供建议和指导。课下是课堂的延伸，学生通过观看慕课拓展知识面，完善知识体系。慕课将“教”和“学”有机结合起来，有利于发挥彼此的长处，达到最佳的学习效果。

（二）基于慕课的翻译能力培养要点

1. 以学生为中心

慕课的诞生突出了学生在学习中的主体地位。“基于大数据的外语课程的理念，强调的是学生对学生的联结与互动的结构并以此种方式管理规模庞大的学生群体。教师仍然可以规划和实施其课堂教学，但是课程就其本质而言强调的是学生间的联结与互动，而不是以教师为中心的授课方式。”翻译人才培养模式的改革应该鼓励学生在教师的指导下与其他学生展开合作，在互评互助中共同进步。教师在慕课平台上发布讨论话题，学生的作业实现在线批改、相互批改，从而学生可以在自主完成作业的基础上吸收其他同学的长处，并在友好的相互讨论中寻求最佳的答案。基于慕课的特点，改革还应赋予学生相当的自由度。教师可以把慕课课程分为必选和选修两类，从而让学生可以根据各自的学习兴趣自主选择想要学习的课程。考虑到学生个人的时间安排和学习能力的不同，教师还可以为慕课课程的学习设立阶段性或最终的时间节点，允许学生更加灵活的方式进行学习，鼓励学生自行进行管理学习进度。这种教学和培养思路不但使学生成了学习的中心，也有利于加强学生的自我约束和自我管理能力。

2. 实现以市场为导向的课程设计和混合式教学

市场对人才素质的要求应该是专业化人才培养的重要依据。因此，翻译人才的课程设计中应该包含市场因素。只有深入了解和剖析市场需求，才能制订出科学且具备指导意义的课程，进而培养出在市场上拥有核心竞争力的翻译人才。一方面，利用互联网资源，教师可以收集到各种类型的视频、图片、文本、音频等素材，比如领导人在各种场合上的讲话、国际研讨会的视频、新产品发布会。从这些素材中，学生不仅可以更加了解市场对翻译服务的需求点，加强有关知识的深入挖掘，还可以通过学习资深译员的译文来提高自身翻译水平。这些材料既可以作为学生课上的练习材料，也可以制作成慕课让学生课下学习。此外，教师还可以将每次上课内容的相关资料和背景知识以慕课的形式上传，要求学生在课前预习，把课上的时间主要用于相互讨论和教师指导，从而使师生更高效地利用课堂时间，实现最大化的学习产出。另一方面，慕课平台也为学生提供了多种学习渠道。学生可以通过慕课平台搜索到各种主题的精品课程，触类旁通，拓展知识面，成为市场所需要的“通才”。这种将线上和线下学习相结合的混合课堂模式，不仅是对传统培养模式的创新和改进，也是通向高效学习的重要途径。

3. 加强教师能力建设

大数据时代的到来给高校教师带来了便利，但也意味着新的挑战。

首先，慕课、翻转课堂、微课等新兴教育模式的出现，改变了传统的师生关系，重新定义了学习内涵。适应转变后的新角色并在课堂中更好地引导学生，是对教师能力的考验。作为学生的引导者，教师也要注重对学生学习兴趣的激发、培养他们自主学习的能力。

其次，慕课平台的兴起和四通八达的网络连接让学生可以接触到海量的学习资源和精品课程。为了保持课堂的吸引力，教师需要不断学习，提升自身专业素养，维持课程的高水准。

最后，大数据时代所需的优秀教师，不仅是教学能力出众的教师，也是能够迅速吸收新知识并熟练驾驭各种技术手段的教师。是否能够使用新的技术为教学助力，已经成为评判教师能力的重要标准。这些挑战都呼唤教师提高自身能力。

在翻译师资的建设过程中，高校应该鼓励教师借助大数据时代的丰富资源提升自身专业能力，同时也应组织相关培训，保证教师随时掌握教育新技术发展动向并将其融入课堂实践中。广大教师也应该直面时代的挑战，紧跟潮流，切实抓住大数据时代给翻译教学带来的机遇，加强建设和不断完善在线课程并促进它与课堂教学有机结合和相互促进，从而满足学生的需求，提高教学质量。

三、慕课在英语口译教学中的应用

（一）慕课在口译教学的作用

1. 加强学生学习效果

慕课运用的第一大受益者当属学生无疑。一方面，不同基础和需求的学生可以通过慕课平台自主寻找所需的口译课程，获得更加个性化的学习资源。传统的教学线下教学模式，限制了学生的课程选择，当具有明显个体差异的学生处在同一个课堂时，就可能出现所谓的学生分级现象，也就是基础差的学生会跟不上教学进程，沦为差生，而基础好的学生越来越突出。通过慕课平台，学生可以在自己的空余时间对自己所掌握的口译知识和技能查漏补缺，从而选择适合自己基础和发展方向的课程。同时，学生还可以通过提交作业等方式获得老师个性化的指导，这将有利于学生获得个性化发展。

另一方面，慕课的运用可以促进学生更好地吸收课堂知识。参与慕课学习的学生可以借用慕课平台可重复播放的特点学习，即使某一章节没有听懂或完全吸收，也可以重复播放，或者暂停播放求助他人，最终达到完全吸收课程内容的效果。

2. 提升教师教学

慕课的运用也可以帮助教师更好地开展教学，最明显的一点，就是提升教学呈现效果。传统课堂上的教学呈现是即时的，主要基于教师的教学经验，因此对教学经验不够丰富的教师而言，如何呈现良好的教学效果成为一大难题。但是慕课是通过录制课程呈现教学的，因此对于新教师而言，在录制的过程中，有不满意的地方，可以反复录制，精益求精，以达到更好的呈现。而在慕课中，教师的角色“由原来的课堂主导者变为课堂活动的组织者和引导者”，这一转变也有助于提升教学呈现效果。

在口译教学资源稀缺的今天，如何使高校利用教学资源至关重要。如果仅凭传统的线下教学模式开展教学，将无法实现优质教师资源的最大化利用。高校教师在致力于教学的同时，还参与项目或研究，时间、精力十分有限。在此情况下，慕课可以帮助教师在某个时间段，集中录制教学视频，之后通过网络的传播使视频得到更广范围的利用。其次，从事口译教学的老师可以利用慕课将自己的专业发挥出来，挑选自己最为擅长的领域录制口译课程，使更多学习这一领域的学生受益。

3. 促进口译课程设置的改革

如果能在高校推广使用慕课，口译专业的学生将能享受更具多样性的课程内容。传统的教学受学制、课时、场地等的限制，只能提供少量且较为单一的课程，然而慕课作为一种开展教学的媒介，可以帮助教师录制适合不同基础学生的课程，如笔记法、关键词提取、短时记忆、逻辑梳理等基础性课程，也可以录制更加专业化的、涉及某个产业专门知识或某种场景的课程。慕课平台还可以提供教学视频的分享，帮助学生通过互联网平台，享受国内外学校所提供的课程，这将大大丰富口译课程。

另外，慕课还可以将教学模式从传统的课堂教学，转成线上线下相结合的混合式学习方式。“混合式学习既可以提供课堂口译技能讲解演练，又能提供基于慕课的在线学习，并能实现学习过程全信息化监控。”教师可以上传国内外某一领域的最新语料，或者线上借用多媒体模拟接近真实的口译场景。同时，传统课堂上以教师为主导的填鸭式教学可以通过慕课转换为更加交互式的教学环节，让学生发挥出更大的自主性和学习能力。

（二）在线慕课与离线慕课口译教学的融合

1. 实施在线慕课与离线慕课的融合的途径

（1）线上慕课与离线慕课是互助互利

离线幕课有两个特点，首先离线幕课的课件不是单纯地将教师上课的 PPT 或直接将教师上课时的实况视频录下来放在平台中，这是离线慕课区别与在线慕课或者公开课的一个特点。离线慕课是将学习的内容通过视频、语言、图片、配音等各种有创意的手段来合成慕课课件，课件一般不超过 5 分钟的小视频，或者一些用 3 ~ 5 分钟就可以读完的小文字来进行学习，这样更符合现今繁忙的社会，更适合在仅有的一些碎片化时间内进行快速有效的学习。

其次，离线慕课更为自由，不同于在线慕课不仅需要正式的平台和网络，学习者甚至还需要注册或者付费等，但在学生群体中，不是所有人都有电脑，很难保证每个人都有一定的时间和工具进行学习。离线慕课的出现解决了大部分学习者的时间、场所问题，只需要简单的移动设备如智能手机、Ipad 等。

随着社交平台的普及，它们的功能已经从最初的聊天工具转变成具有学习功能和信息传播的方式。教师可以将制作好的学习内容放到微信公众号中或者做成二维码供扫描学习，学生会觉得新奇以调动他们的积极性，营造有利的语言学习环境，实现随时随地学习，使课堂无处不在。微信、QQ 等还可以为师生之间搭建交流平台，教师可以随时随地跟进学生学习的进度、解决学习的问题，这就改变了大学教师上完课就不见人的模式，可以增进师生之间情感。这些设备更贴近学生日常生活，学生学习过程不受时间、地域、工具的限制。所以说将在线幕课的互动和离线幕课的自主结合起来，恰好形成互补，再和传统教学相结合，更好地提高教学质量和进度。

（2）建设线上、离线教学资源

慕课的覆盖面无限扩大，但是并不是每一门课程都适合引进慕课教学，教师选择引进慕课时应找准慕课与教学内容的契合点，对应好慕课里的内容和课堂教学的链接延展性，利用慕课来进行教学，对于重点的突出以及难点的突破是非常有帮助的。课前，教师将设计好的微课资源，包括：课程单元内容，将选择切合主题的教学视频、音频等，设置与课程单元相关的学习问题，如小测试、进阶式小问题，甚至一些具有探究价值的学习问题等上传到网络平台，学生在规定的时间内，按照教师事先布置好的任务进行网上自主学习，并在交流平台中进行交流。教师通过交流平台追踪学生的自学情况，从而在课堂教学前适当地调整教学重点。这种混搭式教学模式，使得学生能够高度集中注意力。借助视频资料，提出相关问题，学生之间允许相互协作、开展头脑风暴，在实际演练中达到启发学生思维能力的目标，对学生提出的问题做着重讲解，真正实现个性化教学。

（3）设定线上、离线使用对象

在传统课堂上，教师可以将学生分成小组，在课堂上予以引导，小组合作学习活动对于促进学生个体思维能力的发展、学生个体之间的沟通能力的增强，以及学生的交流沟通能力的提高、自尊心的养成、个体间相互尊重关系的形成作用深远。大学生虽已经具备了一定的自学能力，但是主动性和自觉性差，探究能力不足，所以在慕课平台下，教师要鼓励每个学生都参与到活动中，创造与同伴交流的机会，集思广益，以达到最优效果。学生通过网络进行各种交互、讨论，积极进行评论、分享，当发现课程学习过程中的问题和不足时，要积极寻求教师和其他学生的帮助。

2. 在线慕课与离线慕课在商务英语口译课程中的应用

以商务英语专业的商务英语口译课程设计进行模拟实操：以商务英语口译中的“business dinner”单元为例，用传统教学配套在线慕课与离线慕课的方法做以下安排。

首先，将需要学习的相关资料提前上传至“慕课在线平台”，包括：关于“business dinner”的视频 / 音频所要训练的口译技巧，教师拍摄的口译技巧训练小短片等。让学生提前自我学习，教师可通过平台汇总了解学生的自我预习的进度。

其次，教师可在离线慕课上发表与“business dinner”相关的知识，例如：国际宴会的礼仪、中国宴请的礼仪、菜名的翻译、常用的席间谈话内容，以及一些与主题相关的视频链接等，让学生在自己的闲暇琐碎时间里学习基本知识，并通过留言方式表达自己的想法。

最后，在上课的时间段，第一节课教师会介绍口译技巧并稍作训练，完成课本上的口译练习，第二节课用根据在线平台慕课及离线慕课上的资料开展口译练习实操训练，模拟“business dinner”真实场景，配合模拟情景实训室，营造出真实的语言环境和训练环境。

学生在课前通过自学以掌握基本单词、技能等，所以训练口译实操训练会非常有效率。整个单元的学习及训练具体流程如下：一是学生形成互助合作团队；二是团队或根据教师提供的材料，或搜集、阅读大量相关文字材料、音频与视频，通过读、视、听获取并熟悉主题相关知识与词汇；三是基于获取的主题相关内容与语汇，团队可预先练习；四是教师教授口译技巧和本单元的口译练习内容；五是模拟口译现场，团队已有知识分工交替传译训练；六是其他团队找出错误，给出评价；七是口译团队基于参考译文及教师准备的口译员评估表格对口译者进行评价，口译者按照自评表格对自身口译工作和过程做出评价；八是口译教师进行评估与总结。

第三节　基于移动课堂的高校英语翻译教学研究

一、移动课堂概述

（一）移动课堂产生的背景

1. 信息技术的发展势头

互联网的广泛应用，推动了生产、管理、科技水平的发展，信息技术的飞速发展促使以互联网的全球化普及为重要标志的信息革命的到来。在信息与技术的交互作用之下，两者得到了突飞猛进的发展，大大影响了社会发展进程。

新技术快速发展，更新换代的速度让人应接不暇，这给处于这种背景下的人的发展带来了机遇与挑战，同时也提出了更高的要求。在这种形势下，教育模式的改革势在必行。在信息化时代背景下，高校必然要将培养和提高学生信息素养和能力放到重要位置，提高学生应对和处理信息的能力，提高学生在新的技术条件下的学习技能。

信息技术广泛而深远地影响了教育教学的方方面面，对教育管理者、学校、教育工作者以及学习者等提出了更高的要求。在这种背景下，教育工作者要转变教育观念和教育方式，积极探索信息化环境下行之有效的教学改革，促进我国教育事业的长足发展。

2. 亟须变革的教育现实

在工业革命之前，学徒制一直是最主要的教育形式。学徒制强调的是现场教学、个别化教学和代际间口传手授，教学发生在真实的工作场所中，徒弟在师傅的指导下学习和实作。学徒制培养出了具有高超技术水平的技艺人员。

工业革命的兴起使得工厂的规模扩大，这样就亟须大量的具有一定知识和技能的劳动力。也就是说，近代资本主义的兴起要求广泛普及教育、扩大教育规模，提高教学质量和效率，迫切要求在短时间内培养出大批量受过良好教育的劳动者。然而，传统的学徒制难以满足这一需求，一种新型教学组织形式——班级授课制便顺应时代建立并发展起来。班级授课制是一种向固定的学生传授知识的教学方式。在这种教学方式中，教师有固定的安排，然后在规定的时间向学生教授知识。捷克著名教育家夸美纽斯在其著作《大教学论》中首次对班级授课制从理论上加以系统论证，使班级授课制确定下来。后来，德国教育家赫尔巴特进行了补充说明，使其进一步完善。

接下来，让我们分析班级授课制的基本特点，我们可以从中看出为什么班级授课制顺应了工业革命之需，并自其创立到现在，一直被沿用，具有很大价值。

技术革命永远是社会变革的原动力，随着计算机和网络信息技术的发展与广泛应用，当今社会已经步入了信息化时代。信息革命不仅要求我们具备一定的专业知识和技能，还提出了更高层次的发展要求。比如，熟练掌握信息技术，学会及时处理应急事件，拥有不同于他人的独特创想，能够自主学习新鲜事物，敢于探索求知等。因此，信息革命对教育提出了更高层次的目标要求。然而，传统的班级授课制教学组织形式已经难以充分满足这一要求。

信息革命带来了终身学习和自主学习的思想。当下，人人都应该接受终身教育，进行终身学习；人人都需要积极自主地有选择地进行学习以适应时代的发展和满足自身的发展需要，从而更好地实现自我价值和获得完满丰盈的生活。

第一次教育革命发生在从农业社会到工业社会的转型时期，在工业革命的助推之下，教学组织形式由学徒制过渡为班级授课制。第二次教育革命现已初见端倪，在信息革命浪潮的助推下，教学组织形式由班级授课制向终身学习、自主学习发展。因此，我们需要审视教育教学的现状，以找到教育教学的出路。

首先，教学内容与社会实践脱节。很多学生在工作后抱怨：“在学校里学习的绝大多数知识，在生活和工作中很少用得上。学到的知识在毕业后基本又‘还给’了老师。”是的，正如这些学生所言，学校教育跟社会实践存在着脱节的现象。我们需要关注学校课程体系与学生发展的结合，构建适合并促进学生发展的课程体系，实现课程的生活化和实践化。

其次，教师的教学进度没有照顾到每一个人。很多学生跟不上教师的进度，在没有消化前面所学知识时，新的知识又被填充进来，而前面那些没有掌握、没有彻底弄明白的知识点就成了疑难点。长此以往，这样的疑难点越积累越多，以至于这类学生慢慢成为所谓的“差生”。与此形成鲜明对比的是，那些“学得快”的学生，他们能够较快地理解知识内容，渴望学习更高层次的知识或者过渡到新知识的学习，然而教师反复讲解他们已经掌握的知识，没有满足学生追求进步和发展的需求，在很大限度上限制了学生潜能的发挥，打击了他们的学习积极性。因此，我们需要思考如何才能使得每一个学生都能够按照自己的学习进度和学习特点进行学习，以使得每一个学生都能够最大限度地发挥自己的潜能。

再次，传统教学不重视学生学习的过程，不重视培养学生的智慧，忽视学生的情感，没有关注学生的内心体验。教师注重学生的学习结果而不注重学生在学习过程中学习方法、思维方式、学习策略的培养。现实中不论是教师还是家长，都非常关注学生的考试成绩，较少关注学生在学习上的其他表现，甚至忽视学生完满性格的发展、道德品行的完善等。

最后，传统教学强调教师的主导作用，对于学生的学习积极性和学习主动性没有充分的挖掘和培养。传统教学中，教师在教学大纲和课程设置的指导下对学生进行“灌输式”教育，学生面对更多的是“听课、做笔记、做练习、考试”，属于学生自己思考的时间较少，这样会导致学生缺少学习的热情和好奇心，缺少个性化创想。教师虽然发挥自己的主导作用来顺利高效地完成自己的教学任务，但对于发挥学生的主动性、积极性与创造性还有待加强，还需要进一步探索，怎样使学生成为有智慧、有个性的完整的人，而非仅是具备知识但缺少灵性的人。

3. 数字化时代的教育变革

美国著名的新闻和媒体经营大亨鲁伯特·默多克曾经在一个演讲中说过，科技让世界变得更加精彩，科技带来了生产力的进步，同时也创造了更多的工作和学习的机会。面对新时期的人才需求，有学者认为，新时期对于人才的需求，使得教育方式在世界范围内发生了巨大的变化。事实证明，信息技术的不断发展，对教育领域产生了深远的影响，教育方式也随之发生了转变。在信息技术环境下，学校对于人才的培养更加注重学生综合能力的发展，其中信息素养的培养尤为重要。学生整体素质的提高，综合能力的发展不仅是学生对于自身的要求，也是社会对于人才的需求，这顺应了社会发展的要求，是符合时代和历史发展潮流的。

（1）数字化与学习方式的变革

数字化时代对于教育教学提出了更高的要求，传统的教育方式和学习方式已经不能适应当下学习的需要。传统学习方式是一种灌输式教育，是知识简单粗暴的单向传输。随着信息技术的发展，信息和知识的传播与运用呈现出强烈的多元性、个性化、时效性和前沿性特点。学生获取知识的途径也不再局限于教材和教师提供的知识和信息，多元的学习路径和海量的学习资源极大地扩充了学生的知识面，为学习型社会的构建创造了良好的条件。数字化时代的学习结构呈现出分散网络型的特点，这种学习结构在信息交流过程中不受时间和地域限制，为人类社会提供及时、全面、精准的服务，实现了教育与世界的交融，实现了学习的跨越式发展，为全球化学习起到了良好的铺垫作用。

随着网络技术的发展，学生的学习地点也不应被局限在教室之内，通过网络技术，学生可以处于全球领域横向体验的共同学习环境中，海量的知识和信息极大地充盈了教学资源，实现了对传统教育中教师和学生面对面沟通和交流的扩充，打破了传统的师生关系及师生角色定位，使教育呈现出“大教育”的状态，对教育产生了广泛而深远的影响。形式多样的数字化学习方式以互联网技术为依托不断涌现，并且快速发展壮大，为学校教育提供了广泛的渠道，极大促进了学校教育的发展。

（2）数字化与教学方式的变革

对于教学方式的探索是历代教育工作者、教育家孜孜以求的事业，苏格拉底和柏拉图的诘问法或辩驳式提问；洛克的经验基础；裴斯泰洛齐的“实物教学”；卢梭的自然教育等教学理论和方式，这些对于教育理论和教学方式的探索并没有随着时间的推移而逐渐消沉下去，反而在不断地改进中得到了更好的发展。随着时代的发展和科学技术的进步，教育家们所提出的教育理念和教育方法也在不断地更替或完善，学生的中心地位逐渐取代了教师中心地位；多元化课程逐步取代了单一课程；个性化发展取代了千篇一律……这些都深刻体现着教育的进步与发展。科学技术快速发展并且逐渐与教育相融合，传统的教学模式已经不能满足社会发展需求，教育改革势在必行。

在多媒体产生并运用于学校教育之前，教师通常采用板书或者口头表述的形式进行教学。但是，这样的教学方式有很多不足：不能满足学生清晰全面掌握知识的需要；板书费时费力且得不到很好的保存和记录等。多媒体的应用在很大程度上解决了这一教学难题，教师将自己所要讲解的知识以“数字化”的形式存入电脑中，以多媒体为工具，将知识展现给学生，让学生对于知识的理解更加真切、更加直观。对于传统教学模式实现重大突破的还有远程教学，远程教学通过网络，将丰富而优质的学习资源传输给学生，突破了实践和空间的限制，实现了教学资源的共享，让优质教学资源的社会效益得到最大限度的发挥，其中最具有代表性的例子是网易公开课。在教学中，教师的教学方式直接关系到学生的学习效果。从这一点看来，教学方式在教学过程中具有举足轻重的地位。随着信息技术的发展与在教育教学中的广泛应用，教师的教学观念和教学方法都应该做相应的改变，其自身运用和处理信息技术的能力也应该相应得到提高。在这种背景下，教师需要用现代化的信息技术提升自身的专业能力，做到与时俱进，而不应该因循守旧，坚持原有的教学理念和教学方式一成不变。

（二）移动课堂的定义

移动课堂是一种结合了理论和实践教学为一体的新型教学模式。我国北京大学现代教育技术中心移动教育实验室给移动课堂的定义是：移动教育是指依托目前比较成熟的无线移动网络、国际互联网以及多媒体技术，学生和教师通过使用移动设备（如手机等）来更为方便灵活地实现交互式教学活动。

移动课堂教学就是运用移动互联网技术，依托“互联网＋教育”的现代教育技术，使用让教师和学生可以不受时间、地点限制的移动终端设备在课堂上进行交互式教学的一种新型课堂教学活动。

在此模式中，学生不仅是学习的践行者，同时还是学习计划和内容的设计者。移动课堂所涉及的教学场景一般是具体的和实际中的，同时也是通过层层筛选后的具有典型性的社会情景，所提出的问题具有开放性，并没有确定的答案。这种模式教学又对学生提出了新的要求：全面准确的观察力；发现新问题的能力；分析理解新知识；论证总结新结论以及对新成果的展示能力。

（三）移动课堂的构成

传统课堂由教师、学生、教材、多媒体四要素构成。移动课堂的构成要素中则还包含了移动教学 App、搭载 App 运行的移动平台，如手机、平板等移动互联网通信工具。

“移动课堂教学”模式是由传统课堂结合移动互联网构成的新的“互联网 + 移动教育”——移动互联网课堂教学模式。根据使用功能和使用权限的不同，一般情况下，移动课堂教学 App 分为教师端和学生端两种。教师在课堂上可以运用搭载有移动课堂教学“教师端 App”的手机或者平板进行教学，由于手机具有小巧、易携带、摄像头像素高等特点，一般情况下教师采用手机进行教学。学生在搭载有移动课堂教学“学生端 App”的平台上参与课堂学习活动，相较于手机不易受教师掌控，灵活性太大，屏幕较小等特点，一般情况下，学校推荐学生使用具有特定功能的定制平板进行学习。

二、基于智能手机的英语翻译移动教学

移动学习是一种在移动计算设备帮助下的能够在任何时间、任何地点发生的学习，移动学习所使用的移动设备必须能够有效地呈现学习内容并且提供教师与学习者之间的双向交流。

任何一个时代的教学，都是这一时代智慧的结晶，都会和具有这个时代特征的工具和技术相结合。从笔墨纸砚到黑板粉笔，从收音机到电视机，从电子计算机到移动手机，每一次技术的飞跃和革命，都势必会给教学带来翻天覆地的变化。因此，教学必须紧跟时代的潮流，积极进取。

对于移动手机，很多教师持并不认可的态度。他们认为手机分散学生有限的注意力，让学生沉迷于社交、游戏和网络当中。与此形成鲜明对比的是，学生大多将智能手机当成是网络终端。根据一项在校大学生课堂玩手机情况的调查，90% 以上的学生都承认自己在课堂上玩过手机。他们认为手机能够给他们带来全新的学习体会，他们可以自主选择学习的时间、地点和方式，甚至自主选择学习内容，大大方便了他们利用碎片时间开展高效的个性化学习。基于智能手机的大学英语翻译教学模式是新时代背景下的积极探索，是具有鲜明时代特征的锐意创新。

（一）手机媒体概述

1. 手机媒体的含义

当今中国学术界将传播媒体分为大众媒体和广告媒体两大类，其中大众

媒体又被业界细分为以下五大类，即第一媒体——平面媒体（包括传统的报纸杂志）；第二媒体——广播媒体；第三媒体——视媒体；第四媒体——互联网；第五媒体——手机媒体。在这五大媒体中，手机媒体由于具有多种新技术、新特性，正在引领着当今社会的媒体发展方向，在平常的政治、经济、文化、社会生活中体现出日益重要的地位。2008 年 12 月，中国互联网络信息中心（CNNIC）在其发布的《中国手机媒体研究报告》中明确提出了手机媒体的概念：通过手机终端，进行各种（文字、音频、视频等形式的）媒体内容的传播。随着科学技术水平的不断进步和社会文明程度的不断发展，作为当今社会最为普遍运用的新媒体之一的手机媒体，其内涵也在不断丰富，优势也愈加明显。首先，手机媒体的发展速度和发展前景是任何其他媒体都无法比肩的。其次，手机媒体是以大众为传播目标，可通过多种方式传递文本、图像、声音、视频、GIF 动画等信息，而且可以随时随地做到多向互动、信息更新等。学术界对此也是各抒己见、众说纷纭。匡文波认为，手机媒体是指将文字、音频、图片、视频等多形式媒体信息通过手机进行传播的媒介。也有学者从狭义和广义两个方面给手机媒体做出了具体定义，从狭义上来说，“手机媒体”是指基于通信和计算机网络技术的负载、传播信息符号的个人移动信息终端；从广义上来说，手机媒体是指基于狭义定义之上以及与之相关联的传播媒介与组织的总称。随着智能手机技术的不断进步和人们生活中使用手机范围的不断扩大，手机媒体正在逐步成为当今社会最具影响力的移动媒体。

2. 手机媒体的特点

手机媒体之所以具有如此强大的吸引力，让各种人群均无法抵挡其诱惑，主要原因在于其自身所具有的显著优势特征。

（1）即时性

众所周知，手机能够在不受时间、空间的影响下即时地完成各种信息的传播或交流。它以其速度快、范围广的特点，完全消除了其他客观设备在空间、时间等方面的客观限制，实现了各种信息的实时传播和交流，使手机成为传播速度最为迅速的媒体。当今社会无处不在的手机实时直播，让世界变得触手可及。正如美国媒介理论家保罗·莱文森在其所著的《手机：挡不住的呼唤》一书中所说的那样，手机的飞速发展已经彻底改变了传统信息传播媒介的秩序，并消除了传统传播媒介的许多弊端。

（2）便捷性

手机体积小、功能强、用途广、携带方便，被学术界称为“带着体温的媒体”。这些特性使大学生们在任何时间和地点均可轻松实现手机上网、聊天、购物、直播、看视频、收发信息等，可以方便他们随时随地浏览各种信息，学习理论知识和相关专业课程知识，这些都是其他媒体无法比肩的。尤其是其便捷性的特点，是手机媒体有别于其他传统媒体最为显著的特征。如果说互联网让世界变成了地球村，那么手机媒体则彻底改变了地球村居民的生产生活方式。

（3）互动性

大多数传统媒体的信息传递向度是单向的。媒体的一端是信息的创造者、发布者，另一端则是彻底的信息接收者，缺少互动交流。而如今的手机媒体则在传统媒体的基础上，互动性显著增强，且其互动性又具有实时性和多向性的特点。它不仅可以实现特定手机终端间的一对一“点式”沟通，还可实现“蜂窝状”的多点对多点交流。使得每一位手机终端用户既是信息的接收者，又可以是信息的发布者，俨如一个畅所欲言的虚拟“化装舞会”。

（4）增扩性

手机媒体的增扩性是指任何信息经手机媒体传播后，信息的扩散范围和影响力都能得到迅速膨胀，呈现类似“核裂变”的扩散之势。因此越来越多的信息发布主体都倾向于通过手机媒体发布信息，以图用最小的成本迅速达到最佳的效果。就拿高校来说，以往某位专家学者做一场学术报告，观众人数往往受到报告厅大小的局限。而现在的高校，至少人手一部手机，校方只要通过手机媒体就能轻松实现报告会的实时直播与互动。

（5）兼容性

手机媒体由于其既有的强大功能和充足的拓展空间，可以很容易地与其他媒体充分融合。比如可以通过手机 App 迅速将某一应用程序与手机媒体联系起来，充分发挥该程序的应用功能。于是很多诸如报纸杂志、广播电视等传统媒体就借助手机媒体搭建全新的信息传播平台，以增加自身的影响力和覆盖面。如借助手机媒体开设微信公众号或微博账号等，以增加存在感，扩大影响，提升信息传播速度与效率。手机媒体的强大兼容性还体现在以下方面。首先，现如今的手机媒体融合了社交、娱乐、购物等多种新增功能；其次，手机媒体不仅可以实现即时同步直播，还可以选择延时回访；再次，随着“三网融合”技术的不断进步，手机媒体已经突破了地域与空间的局限，基本实现了全程无障碍传播；最后，手机媒体终端的用户不论国籍、民族、性别、身份、学历、从业种类等，都可以很容易地学会手机的操作和手机媒体的运用。因此，手机媒体已经成为各国使用范围最广、用户数量最多的全民媒体。

（6）私密性

较之于传统报纸、电视、广播媒体的公开性，手机媒体是一个极具个性与私密性的媒介。随着智能手机的普及和其通讯加密技术的不断进步使得手机已经成为人手一部的私密工具，具有较强的私密性。手机的使用权和接收内容只能是机主本身或者通过机主认证许可后方可获得。手机里包含的文字、图片、视频等资料都是具有隐私性质的，非机主本人同意的情况下，任何人不能、也不得随意浏览转载。

（二）手机媒体在英语翻译教学中的应用

1. 构建基于移动互联网的网络教学平台

高校大学英语教学普遍存在课时不够、师资力量不足等问题，针对这一困难，应在《大学英语课程教学要求》的指导下，构建网络教学平台，以满足不同层次学生的不同需求。只有在网络教学平台上，教师才能够扩展教学内容，开发丰富的教学资源，学生才能够构建学习社区，摆脱时间和空间的限制，积极开展自主学习。

高校可以根据自身特点，选择合适的平台组织开展网络教学，有条件的，可以利用校园网自主开发能够满足自身需求的独具特色的网络平台；条件不充分的，可以利用已有的网络平台，比如超星的学习通等。

基于移动互联网的网络教学平台必须具备基本的信息传输功能，从而实现师生共建学习社区、更新信息及时推送、学习内容标签服务和客户端即时通信等必要的教学手段。

2. 组织模块化的大学英语翻译教学内容

大学英语翻译教学的内容必须要以满足社会和学生需求为前提，过去那种围绕四、六级翻译考题组织教学的形式必须摒弃，转而开发以各种翻译技能为单位的不同模块，实现翻译能力的分解；开发涉及各个院系专业内容的不同模块，满足所有学生的学习兴趣。

也就是说，我们可以把大学英语翻译教学的内容分为翻译技能的模块、专业内容的模块、不同等级的模块，让学生按照自己的倾向自主选择学习内容。这样既能保证学生自主学习的需要，还能提高教学效果。

3. 开发多元化的大学英语翻译教学资源

受限于课本的篇幅，很多翻译教学资源根本没有办法展现给学生。但有了网络教学平台，我们就可以低成本、高效率地开发各种翻译教学资源，甚至可以师生协作，共同开发。

教师可以根据自己的教学需要，通过微课、慕课和翻转课堂等形式将相关教学资源在网络平台上发布，推送给学生，组织学生开展自主学习；还可以发布衍生的学习要求，使学生完成不同的学习任务。

另外，网络上有着丰富的大学英语翻译教学资源。教师可以通过发布任务的形式，组织学生从网络上收集感兴趣的文档、视频和音频等多种媒体形式的资源来扩展学习资源，从而实现师生共同开发教学资源，激发学生的学习兴趣，拓展学生的学习空间。

4. 利用碎片时间开展学习

随着教育技术的飞跃式发展，学习平台和学习载体日新月异的推陈出新，学生追求高效快速的学习方式也就不足为奇了。碎片化学习能够让学生灵活自主，在学习内容模块化之后，学生控制学习时间的灵活度就大大提高了。而且，碎片化学习具有高度的针对性，学生可以选择性地学习自己感兴趣或者薄弱的环节。另外，碎片化学习还能够保障学生的学习积极性，从而提高学生的学习效率。

碎片化学习是基于智能手机的大学英语翻译教学的核心理念。在这一理念的指导下，通过智能手机网络平台，将繁复学习内容分解，在短时间内让学生迅速提高翻译理论修养和翻译实践能力，实现大学英语翻译教学的跨越式发展。

5. 采用多元化的教学评价模式

检验教学的效果主要靠评价，科学的评价方式才能真正反映出教学的真实水准。因此，考核不能只单纯注重结果，更要注重对学生在实践过程中表现出来的理想、信念、智慧、能力等做出综合评价。这种综合性评价不是单一的终结性评价，还包括能够客观反映学生学习过程和能力发展情况的形成性评价。

在移动互联网的教学平台中，多元评价主体可以避免不公平、不全面的问题。同组的成员、班级的同学、其他班级的学生以及任课教师等都可以积极参与评价。

不但评价主体可以实现多元化，评价形式也能多元化甚至是动态化。学生在移动化联网的教学平台中完成翻译学习和实践任务之后，相关的学生和教师可以通过点赞、点评、关注等形式进行鼓励性评价，教师可以通过修改、评分、评级等形式进行考核性评价，或者以推送的方式将优秀的成果展示给所有的学生进行示范性评价。这种多元化评价主体的动态性综合评价相较于传统的单一主体终结性评价模式更能客观地反映学生翻译能力发展和进步和真实情况。

三、基于微信的交互式翻译移动教学模式的构建

（一）微信公众平台概述

1. 微信公众平台简介

微信公众平台于2012年08月23日正式上线，曾命名为“官号平台”和“媒体平台”，创造更好的用户体验，形成一个不一样的生态循环。微信在2013年8月5日从4.5版本升级到了5.0版，同时微信公众平台也做了大幅调整，微信公众账号被分成订阅号和服务号，运营主要是组织（比如企业、媒体、公益组织）可以申请服务号，同时运营主体是组织和个人，都可以申请订阅号，但是个人不能申请服务号。

2. 微信公众平台的传播方式

微信公众平台的传播方式具有在融合大众传播（单向）和人际传播（双向）的信息传播特征。从宏观上呈现一种散布型网状传播结构，但不同于微博任何一个网节都能够生产、发布信息，公众平台所有网节的信息（主要指分享）都能够以非线性方式流入总的信息流之中。微信公众平台中人际传播的交互性被发挥到极致，受众可以迅速及时的反馈信息。从微观上则强调一对多的点对点传播结构，推动信息流进入传播系统，并通过受众的反馈，最终构成一个或闭合或开放的传播系统。从时间维度观察，在受众关注微信公众号之后，推送者与受众的互动发生的概率在消息到达个人微信终端后达到一个峰值，区别于传统媒体的是，除峰值之外的其他时间仍然有发生互动的概率性。

从传播内容的形式上则是多种媒介（如书面媒介、声音媒介、视频媒介、触摸媒介）的杂交或融合协同而释放出的传播形式。

（二）基于微信平台的交互式翻译移动教学模式

移动教学和移动学习就是一种在移动设备帮助下的能够在任何时间、任何地点发生的学习，所使用的移动计算设备能够有效地呈现学习内容并且提供教师与学习者之间的双向交流在这种大背景下，构建基于微信平台交互式翻译移动教学模式是一种趋势，也是必然。

1. 课前准备

在授课前，教师可创建包括所有授课学生在内的微信群，并将学生进行分组，确定授课目标，并围绕授课目标对授课内容的知识点、重点及难点的句子翻译进行剖析、分类，预设一些问题供学生进行课前思考，附带自测题，并将这些学习资源与任务用文档或视频等形式，以消息推送的方式发布至微信公众平台。同时，在课前，围绕即将授课的主题，教师与学生可以把从网络、图书等渠道获取的相关的信息资源，随时转发至微信群或朋友圈，与他人共享交流。并将这些资料按类别添加到课程公众平台高级功能的“关键词自动回复”，对学生学习过程可能遇到的问题进行预设添加。

这样，学生只要输入关键词，便能准确高效地获取所需资源。这种自建的翻译资源库便于学生高效地获取所需学习资源，提前掌握知识点。学生还可以将在课前学习时的疑问发送至微信群，也便于教师检查学生的课前预习情况。在授课时教师可以有针对性地对这些问题进行讲解，充分调动学生主动性和热情。学生也可以根据自己的情况自主完成基本知识的学习和掌握。

2. 课堂实践

在翻译课堂教学中，教师根据学生在微信群中提出的疑问及问题，先由各个小组组织讨论，并由每个小组的代表进行陈述和汇报，最后教师统一进行讲解。课堂的翻译练习过程中，学生可以上网查找资料，一旦遇到疑惑，可以随时通过私聊与教师进行一对一的交互，便于教师对其进行个性化地指导，或通过微信群向其他同学求助，以便问题得到及时解答，或将自己的观点发布在微信群，供大家讨论，有利于加深大家对学习内容的理解。这样，师生在翻译实践中，在友好的氛围下，进行充分的交互，总结出较典型的误译，从而提高了教学效果和学生的翻译实践能力。学生完成译文后，可以及时通过微信上传，教师可以随时对译文进行批阅并及时将结果通过文本或语音反馈给学生，将较好的译文发至微信群供大家欣赏、学习。教师还可将学生的译文上传至微信公众平台，由学生进行互相评阅，如组内互评、组际互评等，教师参与引导、讨论及点评，让学生在译文评阅的过程中相互讨论学习，并提高译文评析的能力。

3. 课后拓展

翻译实践仅仅依靠课堂内有限的时间训练是远远不够的，更多的翻译实践只能依靠学生在课外进行。教师可以利用微信公众平台给学生布置大量的翻译实践材料供学生自行选择练习，同时检验学生的学习效果。学生可以随时通过微信公众平台向教师反馈教学效果，教师可以通过私聊或信息资源群向学生了解学习掌握的情况，听取反馈意见，从而及时调整教学方法、手段等，优化教学效果。学生还可自主选择一些翻译实践材料，在翻译的过程中遇到任何疑问，可在群里提问、求助。另外，教师从微信公众平台的管理后台，可以及时地了解学生学习过程和效果，通过对学生学习行迹的跟踪，给学生提出意见和建议，更好地调整教学的模式，从而进一步完善教学活动。这样，通过微信公众平台，师生、生生、组内、组际等进行交互。在此过程中，通过发现、质疑、批判、反思，学生的翻译能力在自主探究、协作共进的学习过程切实地得到培养。

第五章　隐喻翻译教学模式在翻译课程中的应用

隐喻研究已有两千多年的历史，传统的隐喻理论将隐喻视为一种修辞格，而现代的隐喻观将隐喻研究上升到了认知层面，这一观点集中体现在莱考夫和约翰逊提出的概念隐喻理论中，他们认为隐喻是一种认知活动，隐喻在日常生活中无处不在，我们赖以进行思考和行动的日常概念系统在本质上是隐喻的。而翻译从认知角度来讲也是一种思维活动，因此和隐喻有着密切联系。我国的翻译教学随着语言学的发展经历了不同的教学模式，或注重微观的语言结构，或注重宏观的语篇、功能对等，然而无论哪种模式都存在着片面性。但是由于语言体系的差异性，我国学生既要注重宏观又不能忽视微观。

第一节　我国翻译教学模式的发展演变

二十世纪八十年代以来，我国学术界迎来了认知心理学和认知语言学的大发展，概念隐喻理论就是在此基础上产生和发展起来的。从认知心理学和隐喻学这两个维度来看，隐喻是人类的一种复杂的思维活动，而翻译从某种程度来说也是人类用于交际的思维活动，二者有相似之处，存在着内在的联系。通过对相关文献的检索发现，近年来将概念隐喻理论引入外语教学这一课题是热点，特别是将该理论引入词汇教学及文化教学中，当然也有人研究将其引入外语教学的其他方面，如听力教学、口语教学等，但是极少有人将视角放在翻译教学上。

一、翻译教学与教学翻译的区分及翻译教学的目标定位

最早提出应区分教学翻译与翻译教学两个概念的是加拿大翻译家让·德利尔。他认为："学校翻译又称教学翻译，是为了学习某种语言或在高水平

中运用这种语言和深入了解这种语言的问题而采用的一种方法。学校翻译只是一种教学方法，没有自身目的……翻译教学所要求的目标与教学翻译目的是不同的，翻译教学不是为了掌握语言结构和丰富语言知识，也不是为了提高问题的水平。纯正意义的翻译目的是要翻译自身的成果，而教学翻译的目的是为了考核学员外语学习的成果。”我国学者这样归纳和总结了二者的区别：“两者学科位置不同，教学翻译附属于外语教学，翻译教学是一个独立的学科；教学目的不同，教学翻译的目的是巩固外语知识，翻译教学的目的是掌握翻译职业的理念、技能；教学翻译以外语能力训练为重点，翻译教学以外语能力和母语能力为基础；教学翻译的教学重点是外语的语言结构，翻译教学的教学重点是翻译技巧及解决问题的能力；最后，教学翻译不要求学习者有很高的双语能力，而翻译教学要求学习者有熟练的双语基础。”然而也有人认为，教学翻译与翻译教学之间存在着承上启下的关系。教学翻译是翻译教学的初级阶段，即教师借助翻译手段来传播外语知识结构。而翻译教学又可区分为三个层次：一是纯粹作为外语教学手段的教学翻译；二是作为外语专业课的翻译教学；三是作为翻译专业课的翻译专业教学。我们将外语专业翻译课定位为教学翻译与翻译教学间的过渡，既是外语教学的高级课程，也是培养翻译人才的初级课程。

我们界定了翻译教学的概念，就可以确定翻译教学的目标，尤其是英语专业本科翻译的教学目标，即“要让学生在掌握英语专业基础知识和相关领域知识的基础上弄清楚各类文体的特点，通过职业翻译技能的训练和实务体验使学生在不同信息传播的场合下，能把握好自己作为传播者的身份，采用必要的传播途径，实现预定的传播目的，达到预期的传播效果，真正胜任专职翻译”。

二、我国翻译教学模式的发展演变

“教学模式是一种简化、理论化的教学范式，是教学理念和教学实践的综合体。它是在一定的教育思想、教学理论、学习和习得理论的指导下，基于一定教学理论而建立开展的相对稳定的教学活动的框架和程序，主要由教学理论、教学目标、操作程序、师生组合、教学条件和评价等要素构成。”而我国的翻译教学模式从传统向现代转变的过程中，主要经历了传统的翻译教学模式、师生角色转换后的翻译教学模式、与多媒体计算机辅助教学的翻译教学模式以及与多学科多角度相融合的翻译教学模式的转变。

（一）我国传统的翻译教学模式

我国传统的翻译教学模式，不论是以翻译技巧为中心的教学模式还是以翻译理论为中心的教学模式，又或二者相结合的教学模式，都是以教师为主体，属于一种师徒式的教学模式，即教师将一些翻译理论和技巧加以介绍，布置相关练习，学生课后自己进行翻译实践，达到巩固理论、强化技能的目的，然后教师将学生的实践习作进行批改和讲评，最后给出终极译文答案。学生就是通过一次次的翻译训练，熟能生巧，进而提高翻译水平。传统教学模式的特点是“重知识传授，轻能力培养，重语言间微观现象的转换技巧，轻语言宏观结构的把握和转化”。这种重视文本本身，忽略学习主体以及非语言因素干扰的传统教学模式，经验主义色彩浓重，比较盲目，无法真正提高学生的翻译能力。

（二）我国当代的翻译教学模式

二十世纪九十年代以来，随着语义学、语用学、认知语言学以及符号学的发展，我国的翻译教学模式逐渐国际化。

1.“以人为本”的教学模式

与传统的“以教师为中心”的教学模式相反，“以人为本”的教学模式是以学生为主体的一种翻译教学模式。该模式将传统的师生角色转换，教学观念转变，教师变“教”为“导”，学生由知识的被动接受者变为主动获取知识的主体，成为知识的主人。“以人为本”的教学模式要求“教师为学生创造良好的学习环境，激发学生的学习动机，提供合理的学习策略，从而促进学生的学习”。

2. 任务模式

该模式要求教师不直接将教学内容传授给学生，而是设置任务，让学生在完成教师所布置的任务的过程中，逐步感受到教学内容。在任务模式中，教师主要进行任务设计，将教学内容寓于任务中，让学生完成任务。教师在学生完成任务的过程中给予指点、检查、反馈、诊断、讲评、肯定、建议，并随时迎接来自学生的挑战，教学相长。

3. 情境性教学模式

在当今社会，文学翻译在翻译实践中所占的比例是极小的，因此我们要脱离传统将文学翻译作为教学内容的翻译教学。情境性教学模式要求教学应在与真实情景类似的情境下进行，教学目的是为了帮助学生解决现实生活中遇到的问题。所选翻译材料也应是真实的或者仿真的，文体多样，应包含社会生活的方方面面。翻译教学应顺应人才市场的需求以及人的生存发展需求。

4. 多媒体、网络环境下的教学模式

由于现代教育信息技术所拥有的交互性强、多媒体功能突出以及非人性化的特点，使之适用于翻译教学，可大大提高翻译教学的效率。利用多媒体网络大存储量的特征，我们可以建立翻译的素材库，这样教师就可以随时调取各种各样的教学材料进行翻译教学。学生也可以及时地将自己的译作上传，这样每一位同学都成了读者，就形成了一种“译者—读者”的虚拟现实。如此一来，译者（学生）就不能无视读者（其他同学）的兴趣、爱好、语言习惯及审美方式等。而教师也能够及时掌握学生的学习情况，发现学生在翻译习作中的问题，及时给予指导。此外，多媒体技术还可以将学生每一阶段的成果记录下来，方便教师和学生检验自己教与学的成效，使教师对自己所教、学生对自己所学，都做到心中有数。

5. 建构主义学习理论指导下的“交互式”翻译教学模式

伍小君认为，“交互式”翻译教学模式就是“教师要营造一种学习氛围，通过引导、启发，让学生积极参与翻译流程中的每一个环节，以提问、小组讨论、赏析等课题形式创造出一种师生、学生交互协作的环境，让学生轻松自如地探讨、发现，运用双语转换的规律，逐渐帮助学生培养自觉运用规律的习惯”。该模式意在创造一种师生、生生之间互动的教学氛围，激发学生学习的主观能动性，进而提高教学效果。

6. 翻译的功能主义教学模式

该模式受到尤金·奈达的翻译功能对等理论的启发，强调翻译用宏观分析的视角，自上而下分析，先从语用层面入手，再到文化层面和词汇层面，使学生摆脱逐字逐句分析文本的束缚，从整体上、功能对等上理解原文。

三、当前我国翻译教学中存在的问题

在结构主义语言学的影响下，传统翻译教学以词法和句法的分析为主，翻译技巧也以英汉语言间的语法结构的对比为基础来教授，如增减词、拆合句、颠倒语序等翻译方法，追求的是译文忠于原文。随着现代语言学的兴起和发展，以及尤金·奈达的功能对等翻译理论的提出，翻译教学也开始从语义学、语用学、符号学等多学科多角度加以研究。因此，翻译教学也从过去的注重较小语言单位的传统教学法过渡到了关注语篇、功能、认知、文化等宏观层面的翻译教学法。但是，就我国的翻译教学现状而言，“教学翻译”还承担着“翻译教学”所不能完成的任务。所以对于中国学生而言，传统的关注字、词、句等语言微观结构的翻译教学方法不可忽视。提出的隐喻翻译教学模式就是企图在注重语篇、功能、认知、文化等宏观问题的同时，关注语言的微观结构，旨在解决翻译中遇到的困难，使学生在翻译的三步骤里做到相得益彰。

第二节　隐喻翻译教学模式的理论基础

纽马克曾指出：“隐喻翻译是一切语言翻译的缩影。”传统的翻译教学注重字、词、句等的微观结构，而当今的翻译教学更多关注语言的功能、语篇、文化等宏观方面。然而，我国的翻译教学有其独特性，受到环境的影响，我国学生的字词句训练仍需加强，仅仅注重宏观、忽略微观，并不能真正有效地提高学生的翻译能力，培养出适合社会需要的翻译人才，而隐喻翻译教学意在重新唤起对微观结构的重视，使宏观与微观并重，构建一种顺应时代需求的翻译教学模式，寄望对翻译教学的发展有所裨益、有所启迪。

一、传统的隐喻理论

对隐喻的认识，从修辞层面的研究到语义层面的研究，从公元前300年到二十世纪三十年代，跨越了大约2000年的历史，其中对隐喻研究比较系统的要追溯到亚里士多德。他曾说：“最最了不起的事就是成为一位隐喻大师（the greatest thing by far is to be a master of metaphor）。”传统的隐喻理论比较有影响力的大致分为三种：隐喻的对比论、隐喻的替代论和隐喻的互动论。

亚里士多德在《诗学》和《修辞学》中系统地说明了隐喻的框架和隐喻的修辞功能，提出了隐喻的对比论。他认为：“隐喻是一个词替代另一个词来表达同一意义的语言手段，两者属于一种对比关系，因此，隐喻与明喻本质上是一致的。隐喻的主要功能是修饰作用。”亚里士多德在《诗学》中说道，隐喻有四种转换模式，“或者以属代种，或者以种代属，或者以种代种，或者通过类推，即比较”。也就是说，隐喻可用一种事物代替另一种相似的事物，而它所表达的意思也不是独立的，有一定关联。根据亚里士多德的理论，隐喻是一种事物到另一种事物的名词转移，用一个词来替代另一个词来表达同一意义的语言机制。隐喻的对比论，即隐喻包含两个或多个目标之间的类比，隐喻是没有“like”“as”诸如此类标志性比喻词的明喻。亚里士多德在隐喻方面的贡献对后代学者起到了极大的影响。

公元前 1 世纪的罗马修辞学家昆体良提出了“替代论”，继承和发展了亚里士多德的对比论。昆体良认为：“所谓隐喻，实际上就是用一个词去替代另一个词的修辞现象。”由此可见，隐喻的替代论，即隐喻是通过媒介词替代原本的词来表达同一意义，因此隐喻只起到一种装饰作用。昆体良认为，隐喻只是一种修饰形式，属于语言的范畴，而不在行为和思想的范畴内。

不论是亚里士多德的对比论还是昆体良的替代论，都是词语层面上的修辞方式，它的功能是装饰。不同的是，对比论注重媒介词与原本词的比较，而替代论主要讨论隐喻的工作机制。二者的局限就在于他们只在修辞层面研究隐喻，而忽视了隐喻和思维方式之间的关系，没有关注隐喻的普遍性。

直到二十世纪三十年代，随着语义学开始兴盛，隐喻学的研究逐渐进入到语义层面，这一时期的专家学者试图摆脱传统的隐喻理论的束缚，寻求隐喻的本质，同时也将研究的重点从词汇层面上升到了句子层面。1936 年，理查兹发表了《修辞哲学》一书，标志着隐喻学的研究向多维化发展。他首次提出了本体和喻体的互动关系。他指出：“喻体和本体共现的结果产生出与本体明显不同的意义，没有两者的互动，该意义是不能得到的。”而布莱克在理查兹的观点的基础上提出了“焦点”“框架”的隐喻互动理论。他指出，隐喻表达和本义表达互相作用时，隐喻意义将被获得。他把句子中被用作隐喻的词语称为“焦点”，将其余部分称为“框架”，在“框架”下，“焦点”可以引导一个隐喻，也就是说，隐喻通过“焦点”和“框架”的互动来表现隐喻意义。隐喻的互动理论，不仅关注隐喻词汇的喻体部分，同时又覆盖了言内语境的非隐喻成分，扩大了隐喻的理解范围，使隐喻的理解可以从上下文的联系中甚至从整个篇章中理解。这对整个隐喻学界来说都不失为一个最大的突破。然而，互动理论旨在研究一个个单一的隐喻，并未揭示隐喻的内在联系，并未关注隐喻与认知的关系，也并未从认知角度对隐喻的细节进一步分析。

从二十世纪七十年代开始，由于认知心理学、语用学、认知语言学、符号学的发展，隐喻研究向多学科多角度发展。到二十世纪八十年代，莱考夫和约翰逊合著了《我们赖以生存的隐喻》，隐喻研究也进入到一个崭新的层面—认知层面。

二、认知层面下的概念隐喻理论

（一）概念隐喻的定义

1980 年，美国语言学家莱考夫和英国语言学家约翰逊合著了《我们赖以生存的隐喻》一书，提出了概念隐喻理论。这意味着人们对隐喻的认识发生了质的变化。莱考夫和约翰逊在书中指出，“隐喻普遍存在于我们的日常生活中，不仅存在于语言中，而且存在于我们的思想和行动中。我们思维和行动的一般概念系统，从根本上讲是隐喻的”。他们强调，隐喻不仅是一种语言现象，从本质上说，是我们理解和感知事物的手段，是一种认知现象。概念隐喻存在于我们日常生活的言语中，人们日常的概念系统，不仅形成于人类的交流中，还形成于人类思维和行动的方式上，本质上也基本是隐喻性的。因此，莱考夫和约翰逊认为，隐喻的实质就是通过另一类事物来理解和经历某一类事物。

莱考夫用“域”的概念来解释概念隐喻，将域分为源域和目标域，认为隐喻是两个域之间的映射，即将一个比较具体、结构明确的源域的意象图式结构在概念联系的基础上映射到结构不明确的目标域。通过源域来构建目标域的意象图式。而且这种映射的基础是我们的身体构造，日常生活的经验和知识。引用一个经典隐喻来解释：Life is a journey。很明显，journey“旅行”是源域，结构相对明确；而 life“人生”是目标域，结构相对模糊。通过隐喻，可将源域中的各部分相关特征激活，映射到目标域上，从而使人生这一抽象概念的意象图式明确化。

（二）隐喻的类型

根据莱考夫和约翰逊的理论，作为人类概念系统核心的概念隐喻，对人类思维模式的形成和人类理解言语表达起着重要作用。准确来说，概念隐喻是构成人类概念体系的基础，也提供了理解事物的新视角。根据概念隐喻的认知功能，可分为方位隐喻、实体隐喻和结构隐喻。

1. 结构隐喻

结构隐喻，是指以一种概念的结构来构造另一种概念，使两种概念相叠加，将谈论一种概念的各方面的词语用于谈论另一概念。举一个经典例子：ARGUMENT IA WAR。

从这些例句中我们可以得出一个共识，描述“war（战争）”的词也可以用于描述“argument（争论）”，因此，“战争”和“争论”有许多共同点。如 attacked，claim、won、shoot、wipe out、shot down 等。很明显，“战争”这一概念被用于“争论”中，将其概念化。汉语中也有大量的例子，如：秋菊打官司、正方将反方驳得体无完肤、唇枪舌剑。

2. 方位隐喻

方位隐喻，也叫空间隐喻，是指参照空间方位而组建的一系列的隐喻概念，通常与上下、内外、前后、深浅、高低、主次等空间方位词相关，与人体的结构特征和认识世界的方式紧密联系。空间方位有助于人们认识隐喻的目的。因此，人们常常在思维、言谈中用方位词来表达非空间领域的概念，特别是一些抽象概念，如感情、健康、社会地位等。它们常常与空间概念叠加，形成隐喻概念，如下人、情绪高涨等。

在英语中，我们可以用“up”和“down”这样的方位词来对情绪的好坏隐喻。由此可见，将方位词用于概念隐喻并非偶然，这和人类身体和习俗的认知是完全一致的。“up”和“down”可用来形成方位隐喻，从而表达高兴和伤心的情绪。

在我们的方位中，“上”和“前”的方位都表示正面、积极的意象，而“下”与“后”表示负面的意象，将这些原始的具体方位概念映射于情绪、身体状况、数量、社会地位等抽象概念上，即形成了方位隐喻。

方位隐喻是概念隐喻的重要组成部分，与我们的身体和习俗认知紧密相连，因此应注重方位隐喻的学习。

3. 实体隐喻

莱考夫和约翰逊认为实体隐喻是将抽象模糊的思想、感情、心理状态等无形的状况化为有形的实体。实体隐喻可分为两类：实体与物质隐喻和容器隐喻。

实体与物质隐喻比较容易理解，就是将行为、思想、情感等抽象概念看作是实体与物质的概念隐喻。人们对“哲学”的第一印象与“海洋”给人们的最初感官相似，即“哲学”与“海洋”都给人以深广、浩瀚的感觉。

容器隐喻，与实体与物质隐喻相反，是将本体（原本不是容器的）看作一种容器，使其有边界，可量化，可进可出。莱考夫和约翰逊认为容器隐喻是最典型的实体隐喻，这里所说的“本体”可以是地域、视野、事件、行动、活动、状态、心境、颜色、情感、语言表达等。容器是一种有硬度的实体，有容积，可储藏东西，容器里的物质可量化。容器的空间形式映射到非空间物体或概念上实现抽象或未知概念的具体化。人类不知不觉中使用着容器隐喻来构建概念系统的其他部分，它是一种意象图式隐喻，即将容器原始域中的意象图式结构映射到非容器的目标域中。

（三）概念隐喻理论的工作机制

提到概念隐喻理论的工作机制，必涉及两个概念：“域”和“映射”。“域”又分为“源域”和“目标域”两个范畴。概念隐喻就是通过源域和目标域之间的映射来实现。映射是有一定方向性的并非随意的，它只存在于源域到目标域的认识过程中。莱考夫认为，源域和目标域之间的方向性可看作是从已知事物到未知事物的映射转移过程，其中源域为已知事物，目标域为未知事物。这种映射发生在概念层次，且具有系统性，源域和目标域之间存在固定配对，即以源域的经验来理解目标域经验，从而源域的特点被映射到目标域上，后者因前者而被理解。但是，这种映射或源域的特点和目标域的特点并非是完全对应的，所以目标域也是部分被映射，未知事物也是部分得以理解。根据莱考夫的观点，这种映射要受到“恒定原则”的制约，“所谓恒定原则，即隐喻映射以一种与目标域的内在结构相吻合的方式保留了源域的意象图式结构”。

在交际过程中，人们总是有意识地选用恰当的字眼来表达自己的思想，但却会无意识地运用某些基本隐喻概念，按某种固定思维模式来论述事物。

以 Life is a journey 为例，将人生和旅程联系起来是与我们的社会生活方式密切相连的。在人们认知里，旅途中充满荆棘、坎坷，走过的旅途也不会回头，在十字路口往往要面临着选择，这和我们在人生的道路上也充满选择不谋而合。这些与“人生”的某些特性类似，人就好像是旅行者，在人生的道路上充满艰辛，所以当人们要表达“人生艰辛”这一概念时，便会自然而然地选用与其有相同引申意义的旅途来搭配。一旦这一基本概念隐喻在人们头脑中形成后，人们只要想描述和人生有关的事物和概念时，也自然会运用那些用来描绘旅途的词汇来增强表达效果，由此产生隐喻表达。

（四）概念隐喻的特征

1. 隐喻的普遍性

莱考夫和约翰逊将隐喻分为两种，一种是惯例隐喻，另一种是新生隐喻。惯例隐喻也可以说是死隐喻，即指人类语言中首次被运用的隐喻，随着时间的推移成为日常用语的一部分，这种隐喻人们随时随地都在使用，并成为话语中不可或缺的一部分。而新生隐喻指任何一个说话人创造的隐喻，这种隐喻是以前无人使用过的，新创造的。莱考夫和约翰逊认为，惯例隐喻的认知价值比新隐喻的认知价值高。

在任何一种语言中，人们的概念系统包含无数的概念隐喻，人们习惯用结构清晰明确的领域向结构不清晰不明确的领域映射，这种趋势普遍存在于任何一种语言中。概念隐喻的普遍性表明隐喻无处不在，因此我们在英语的翻译教学中就不可忽视隐喻的理解。

2. 隐喻的系统性

不同概念隐喻之间不是彼此孤立运作的，是有其系统性的。莱考夫和约翰逊认为：“隐喻与隐喻之间的蕴含关系构建起一个协调一致的隐喻表达体系。”“从体现‘争论是战争’这一隐喻概念的各种说法可以看出，我们谈论争论时遵循一定的范式，那就是在争论时我们可以做什么，不可以做什么。”我们用谈论战争的词语来谈论争论，因此系统地影响了争论的方式，可见概念隐喻是系统的、有序的。然而，我们用战争的一方面特性来映射争论，战争的激烈程度、输赢这一方面的特性与争论是有相似之处的，但是战争还有其他方面，如空战、海战、军人、司令部等其他方面，然而在理解争论这一概念时，战争的其他方面是被忽略的，处于隐蔽地位。这点对隐喻的建构和理解至关重要，如果要对事物的每一方面都关注，就很难对两个事物的某一些特性形成隐喻。

我们用金钱、有限资源和有价商品这三个比较具体的概念去理解时间这一抽象概念。而我们将金钱的珍贵、有限资源的有限性和有价商品的价值这三个方面的特性映射到时间上，共同构成了对时间的隐喻体系。

3. 隐喻的民族共性和文化差异性

概念隐喻不仅是人类自然属性的产物，也是人类社会属性的产物，而人类怎样理解事物要受他所居住的周围环境的影响，而隐喻受到社会文化的制约，人类认知世界的社会经验的共性和社会文化背景的相似性，使隐喻具有民族共性，反之，人类认识世界的方式、人类所处的地理环境以及文化背景的不同致使隐喻具有文化差异。我们用具体的例子来看：经过仔细地品读，他最终理解了作者的真正意图。（After a careful taste，he finally understood the real purpose of the writer.）那本小说不适合他的口味。（The novel isn' t suit his taste.）

上述两个例句中可见，中英文都用"食物"这一概念来理解"书"这个概念。我们用"品读（taste）"来表达对书的内容的理解，用食物的"口味（taste）"来表达书的内容是否适合读者。虽然中英文语言不同，但由于认知文化的相似性，两种语言在使用隐喻时存在着惊人的共性。

再从"狗（dog）"这一概念隐喻来看，在英语的文化里，狗是一种可爱的宠物，人们将狗看作是朋友。这在许多用语中得以体现，比如"Love me，love my dog.（爱屋及乌）"，形容人走运用"a lucky dog"，形容老人用"an old dog"，形容水手用"a sea dog"等，这些隐喻都源于人们看待狗的方式——人类的朋友这一概念，因此毫无贬损的含义。而在汉语中，我们常说的"狗腿子""狗拿耗子多管闲事""狗咬吕洞宾，不识好人心"中，同样用"狗"这一概念来隐喻，却充满了贬损意义。可见，同一概念在不同的社会文化背景下所隐喻的意象截然不同，因此，社会文化与人们认知的隐喻体系有其内在的一致性。我们在理解隐喻时要注意说话人的文化背景，不同的文化可能导致完全相反的意象图式。

综上所述，隐喻不仅是语言现象、修辞手段，更是人们的思维想象，是交流思想、认知世界的有力工具。因此，我们在进行翻译教学时应充分认识到隐喻理论的重要性，适时地向学生介绍隐喻的理论知识，向学生解释语言中的隐喻表达及它们之间的规律性、系统性及工作机制，帮助学生对语言的微观结构进行深加工和深层含义的理解。同时，由于隐喻具有语境性、文化性、认知性的特征，我们更应促使学生对语境、社会、文化等宏观层面积极认识，从而促使学生提高个人的翻译水平。

第三节 隐喻翻译教学模式的内容、实现途径及意义

近年来，我国对外交际范围越来越广，交际程度越来越深，涉及政治、经济、文化、科技等的方方面面，因此，国家及社会对翻译人才的渴求也越来越迫切，对翻译人员能力的要求也越来越高。那么，我国现阶段翻译教学的现状如何，是“授人以鱼”，还是“授人以渔”；现有的翻译教学模式都有哪些；概念隐喻理论的定义、分类、工作机制及特性是什么；该理论怎样与翻译教学相融合；以概念隐喻理论为切入点的隐喻翻译教学模式的内容是什么，怎样实现，有何现实的指导意义，通过实践该模式是否确实实现了提高学生翻译能力的终极目标？

一、隐喻翻译教学模式的内容及实现途径

隐喻翻译教学模式，是指在翻译教学实践过程中，有计划、有目的地引导英语专业学生进行隐喻思维能力的培养训练，以概念隐喻理论的相关知识为理论依据，培养学生对语境、认知、文化隐喻的深层理解，通过对字、词、句、段、篇章的隐喻翻译教学讲评，采用学生亲身实践和互动测评等形式，以提高学生翻译技能为目的的一种翻译教学培养模式。

从定义出发不难看出，在具体实施该模式的时候应从以下几个方面着手。

（一）向学生详尽讲解隐喻的相关理论知识

在这一环节中，教师以知识讲授为主，向学生系统地介绍隐喻的相关理论，包括早期的传统隐喻理论，如亚里士多德的对比论、昆体良的替代论、布莱克的互动理论；当然讲授重点还应放在莱考夫和约翰逊的概念隐喻理论上，将其定义、类型、工作机制、特征等系统地介绍给学生，让学生对隐喻的重要性有所意识，在学习中有意识地关注隐喻，培养自身的隐喻能力。

（二）有意识地培养学生的隐喻思维能力

利特莫尔将隐喻思维能力阐述为四个层面：一是创造新隐喻的能力，即应用隐喻的原创性；二是对隐喻的多层意思的正确理解能力，即把握隐喻的熟练度；三是对新隐喻的正确理解能力，即对“原创”隐喻的认知和理解；四是准确、正确、快速理解隐喻的能力，即辨识理解隐喻的能力。而“隐喻自身有三种属性：浓缩性，即用精练的语言来表达丰富的经验和复杂的概念；图像性，即用语言引发思维图式；创新性，即能够表达本来无法表达的概念”。这些属性促使人们对隐喻里所表达的新概念主动思索，领悟本喻体间的概念关系。概念隐喻理论从话语中蕴含的隐喻入手研究认知，使译者对两种语言比较的同时，还要从两种语言的概念体系出发，从源域与目标域的相互映射角度思考问题。概念是从人类的经验中而来，所以不同概念体系的人可能无法“翻译”，却可理解。如在“The air war heats up as the air war heats up.”一句中（出自一篇关于北约对科索沃空袭的新闻报道），air war 有空袭、空战的意思，我们在了解该句的背景的同时，根据经验可理解第一个 air war 运用了隐喻，将铺天盖地的媒体报道比喻成空战，由于作者在字面上玩了文字游戏，造成译者在翻译时不可能在目标语（汉语）中寻求到同一概念来分别指代空袭和媒体报道，这就造成了“不可译性”，但是根据人类的概念系统，该句可被理解。可见，隐喻的理解使得原文得以理解，翻译过程的第一步得以完成。

传统的翻译过程常被概括成理解与表达两个阶段，也称两段式翻译过程。在理解阶段，译者要分析原文，弄懂原文确切含义；在表达阶段，译者要用目的语将源语的意思说出来。而叶子南在借鉴了尤金·奈达的翻译过程模式，将其分为三段式，即分析、转换、重建三个步骤。

译者首先要认真阅读分析原文，挖掘出原文在各个层次中的语义含义，再将分析好的语言资料从源语转换到目的语，最后将原文中的重要信息在译入语中重建出来。在这三个阶段始终贯穿着译者的思维过程，在分析阶段译者看到了语言的线性结构，分析后译者理解原文，在大脑中形成意象图式，然后译者将头脑中的意象图式或抽象概念根据目的语的语言特征重新构建，将源语用地道的目的语表达出来，也即用线性的文字表达出来。从认知心理学角度看，“理解”是学习者以信息的传输、编码为基础，根据已有的信息建构内部的心理表征，进而获得心理意义的过程。人的认知是一个对已有的心理表征进行主动的组织和建构的过程，在图式形成后，当一组新信息呈现时，信息输入就会使图式中与之相关的概念被激活并向邻近扩散，人就根据当时的需要对这些被激活的表征进行重新组织与建构，从而使新信息获得具体的意义，完成理解过程。

隐喻其实质是用一组事物理解和体验另一种事物，是从源域向目标域的映射。因此隐喻可以帮助学生用已知事物来理解在翻译过程中遇到的未知事物。从认知领域来说，隐喻是文化的认知工具，当人们用一种文化的认知工具去认识另一种文化时，首先应还原认知工具的原本面目，留其形象，产生联系意义。隐喻的理解就是逆向还原源语的语言符号所表征的对象，而译者所要表达的是理解过程中所获得的所指意义和相关信息，用目的语构建源语的含义。“隐喻的创造和理解过程是一个创造性思维活动过程。认识客观世界强调隐喻思维，而隐喻思维能力是人们认知发展而产生的一种创造性思维能力，是认识事物，尤其是抽象事物思维基本能力。从翻译教学来说，隐喻能力实际上是指翻译思维过程中辨认和使用新隐喻的能力。”“译者作为认知主体，在翻译中的认知活动是以现实体验为基础，理解源语语篇所表现出的各类意义，尽量将其在目的语中映射转述出来，在译文中着力勾画出源语作者所欲描写的现实世界和认知世界。”

我们日常生活中的语言、思维普遍存在着隐喻，但学生在学习过程中往往遇到隐喻时不能够意识到这是一个隐喻，因此仍需要大量时间培养训练隐喻思维，使自己在翻译的分析、转换、重建过程中沉浸于隐喻氛围中。隐喻有用已知认识未知、用具体形容抽象、变难为易的特点，这些特点都可以帮助学生在翻译过程中用已知事物理解未知事物，加深对原文的理解，以便用更地道的目的语将其表达出来。隐喻本质上是一种认知，也就是说隐喻是人们身体、大脑、经验、心智的产物，隐喻的产生在日常生活中不可避免。因此学生应有意识地、积极地利用隐喻进行思维，主动建构隐喻思维模式。

教师在翻译教学过程中，翻译资料的选取应侧重于包含隐喻的短片文章，课堂上教师应将文章中的精彩之处及难理解之处进行赏析和评述，与学生共同讨论、交换思想，从而促进隐喻思维能力的提高；而学生在课下独立完成的翻译习作，教师应认真批改，针对学生在翻译隐喻时所犯的共同错误仔细讲评，让学生及时核对思路、积累经验，养成隐喻思维模式。教师还应提醒学生收集整理常见隐喻，让学生记忆背诵，从而使学生能够熟练掌握一些习惯表达法。隐喻翻译教学模式，其宗旨就是通过对常用隐喻的教与学，达到使学生对隐喻有一种感性认识的目的，促使学生养成隐喻思维习惯。例如：“Wall Street is a dog-eat-dog place.”学生在翻译这句话时容易将其翻译成“华尔街是个狗咬狗的地方”，而“狗咬狗”在汉语中有相互揭短的意思，它的施动者应该是人，而非华尔街这一地方，显然，将该句翻译成狗咬狗的地方会造成读者的误解。那么从隐喻切入，将该词逆向还原到源语中，我们不难发现，“dog-eat-dog”的意思是残酷、残忍，因此我们不难理解该句应翻译成“华尔街是个残酷的地方”。

（三）从隐喻的微观和宏观开展隐喻翻译教学实践

1. 关注语言微观结构的隐喻表达

对比英汉语言结构的异同，重新唤起对语言微观结构的重视。实践证明，由于中国外语学习的特殊环境以及英汉语言间的差异比较大，我国学生仍应在字词句、语法及翻译技巧等微观方面加以训练，以达到严复所提出的“信、达、雅”的理想翻译标准。这对翻译教学的成效至关重要。刘彦仕认为：“除极少的原始语块或原始语结外，所有语言或知识都是隐喻的。”隐喻可以是一个词、一个短语、一个句子、一个段落，甚至整个篇章。因此，我们在捕捉隐喻意义时还应注意一些翻译技巧的训练。许渊冲将一些常用的翻译手法用数学公式简单明了地展示了出来，看起来就简单易懂了。掌握了翻译技巧，我们还应对英汉两种语言结构间的差异有所认识。

掌握翻译技巧、了解英汉语言结构的差异，都是为了更加熟练地理解和运用隐喻夯实基础。既然小到一个词，大到整个篇章都可能是一个隐喻，那么我们将焦点放在一个句内显然有可能造成理解上的失误，扭曲了作者的真实意图，甚至在翻译成目的语时造成了人为理解上的“不可译”。既然如此，当我们遇到一个隐喻时，要如何辨识、如何理解呢？束定芳将隐喻的理解过程分为了隐喻的识别和隐喻意义推断两个阶段。她认为，隐喻的识别一方面可根据明确的隐喻话语信号及标志辨识；另一方面可根据语义或语用的线索识别，也即话语字面意义与语境冲突的性质来识别。隐喻意义的推断主要根据本体与喻体之间的相似性。隐喻的理解是两个不同领域间的互动，是一种想象性历程。

教师在安排教学内容时，首先应注重加强学生对字、词、句、段等语言微观结构的隐喻理解翻译训练；在隐喻翻译教学模式中，教师应捕捉各式各样的隐喻，特别是那些会造成理解困难的隐喻，通过翻译技巧，英汉语言结构差异，对源域和目标域的分析等手段，增强学生识别和理解隐喻的能力，继而使学生对原文的领会更深刻，最终达到提高学生的翻译能力的目标。与此同时，学生也应该在学习英语的其他领域时注意收集大量隐喻，让常见隐喻变得耳熟能详，罕见隐喻或新创隐喻能分析理解。

2. 关注隐喻的社会认知属性

激发学生的认知背景，加深学生对字、词、句等微观结构的理解和掌握。从理论上看，任何语言使用者都可运用隐喻，但是同样是语言使用者，他们理解和使用隐喻的能力却大相径庭。究其原因就在于个人的认知水平和认知能力有所差异。胡壮麟认为，人类认知能力表现为两点，一是语言使用者在长期记忆中储存下来的对事物特性的认识，这种长期记忆与语言使用者的经验和年龄密切相关；二是在隐喻理解过程中，语言使用者对表层意义和底层意义之间的关系的理解，其中表层意义即本体和喻体，底层意义即本喻体间的相似点。

人类的认知包括两个过程，一是思维过程，即能动地认识世界；二是认识的结果，即文化。人的知识不断深化，文化也在不断积累。而“隐喻的作用是在人们用语言思考所感知的物质世界和精神世界时，能从原先互不相关的不同事物、概念和语言表达中发现相似点，建立想象极其丰富的联系”。隐喻使人“认知异常”，从而促使人们对隐喻所表述的新形象主动思考，领悟本喻体之间的相似点，抓住本喻体间的概念关系。修辞学家摩尔还企图用偏离与偏离的消除来解释隐喻的理解过程。他认为，隐喻就是对正常语言使用规则的偏离，隐喻的理解过程就是偏离的消除。这种偏离是语义上的，偏离的结果是引起人们对隐喻在一般情况下表达的与他用做隐喻所要表达的事物之间的相似性的注意。认知隐喻学家们认为，隐喻是源域向目标域的映射，即将某一事物在源域的某些特征映射到另一事物（目标域）的认知过程。在隐喻翻译教学实践中，隐喻的理解与运用是建立在原文作者与译者之间所共有的概念的基础上的，二者只有在对喻体有共同认知的时候，隐喻才可被理解。可见，隐喻的使用对人的认知有着积极的促进作用。我们利用隐喻的认知性，在翻译教学中因势利导，激发学生的认知背景和固有思维习惯，深化学生对字、词、句等微观结构的理解和掌握。

3. 关注隐喻的语境理解

增强学生的布局谋篇能力，布莱克在隐喻的互动理论中这样解释隐喻与语境的关系，隐喻的本质就是隐喻表达与该隐喻的语境的互动。赵霞在谈到隐喻和语境的关系时引用了诺加莱斯的观点，“隐喻语境就是有助于对话语进行隐喻解读的语言环境，即如果一个语境所突显的特征不是该所指物显性或隐性的常规概念，或者说该语境有利于突显关系，那么，这个语境就具有隐喻性”。莱考夫和约翰逊的概念隐喻理论主要强调了源域到目标域的映射，但在隐喻的理解过程中具体表现为人在遇到隐喻时会自动激活语境中的相关知识，选取最近关联语境以建立假设和相应的心理空间，再进行从源域到目标域的映射，进行概念组合，产生新的认知，从而使隐喻得以理解。具体说来，语境对隐喻理解的影响可归纳为两个方面。

第一，认知主体遇到隐喻时所选取的视角不同，效果也不同。在历史的长河中，不同民族不同地域的人创造了不同的隐喻，就是同一民族同一地域也因其认知背景不同而对隐喻产生不同理解。因此，语境的差异使隐喻理解的视角和维度产生差异。语境的选择影响着隐喻的哪些背景被激活，从而影响了认知主体的视角。

第二，认知主体在隐喻理解过程中语境知识对隐喻的理解也有影响。束定芳在阐释语境知识在隐喻理解过程中的作用时说道：“隐喻的理解可以被看作是辨认说话者说该句话语时的意图或目的。这种对理解过程的解释认为话语是通过利用说话者和听话者共享知识、信仰和假设而被理解的。听话者通过参考说话者和听话者共享的知识可以确定 A 和 B 的显著特征，在隐喻所拥有的无数可能意义中确认其中一个。”束定芳所提到的共享背景知识这一概念，克拉克和卡尔松将其划分为三类：一是物理共享，即听话者将他与说话者所经历的共同事物作为共享知识；二是语言共享，即听话者将需要被理解的该句及该句之前所说过的话语作为共享背景；三是社团成员身份共享，即同一社团内成员的普遍认知，该社团语言的语音、语素、句法、语义等的共享。

利用上述有关隐喻的语境性知识，教师在进行隐喻翻译教学时，首先应引导学生拿到文章先从宏观上分析其语境，确定其语域。一个政治家激情昂扬的演说，一个学者严谨周密的报告，一个女孩情意绵绵的书信，一个市井小民粗俗的谩骂，从语境上来说天差地别。因此，学生在布局谋篇时既要传达出语义的显台词，又要表达出语境的潜台词。

另外，除了要对整篇文章的语境进行分析外，还应注意句内的语境分析。在语义学中，一个词的词义包含两大成分：定义性成分和关联性成分。语义成分受语境的限制，特定语境选择特定语义成分。当语境开始作用，将某些定义性成分排除后，另一些关联性成分就突显出来，此时该语言单位便脱离了常轨，形成隐喻。

4. 关注隐喻的文化属性

增强学生的隐喻翻译能力，束定芳在谈到隐喻的文化属性时将其分为文化共性和文化差异性两个方面。隐喻的文化共性是基于人的生理构造特点而言的。比如人在生气时会呼吸急促，感觉到有一股气从胸腔中上升，同时血压升高、体温升高。因此，人们通常将生气与“火”“热”关联，以人的身体为容器，气往外“冒”，所以我们有“火冒三丈”“怒气冲天”的隐喻表达法。那么隐喻的文化差异性就很好理解了，由于不同的民族有不同的文化传统和民族风俗习惯，理解隐喻也应将其放在文化知识的背景下。没有拜读过古典文学《西游记》的人就很难理解，“如今绿化用地成了‘唐僧肉’，谁都想吃一口”中的“唐僧肉”的隐喻意义。下面就隐喻的文化共性和文化差异性具体来谈一下隐喻的翻译。

第一，隐喻的文化共性。认知经验的共性和赖以生存的社会文化背景的相似性使人类在描绘同一事物的同一特征时具有相似性和普遍性。这样，不同民族文化的可转换性、概念系统的相似性为隐喻翻译提供了基础。比如，一些英汉谚语、歇后语中的隐喻反映了人类经验与智慧的普遍性，使得具有不同文化背景的人理解起来并不费力。译者在两种语言之间可以自由互译，使译文与原文达到形式和功能上的对等。

第二，隐喻的文化差异性。由于人们的文化传统、社会心理与风俗习惯的不同，对一些具体事物的体验也不尽相同，从而产生了同一喻体在不同文化中的隐喻意义和使用上的显著差异。在进行隐喻翻译时，译者应考虑到不同民族的文化习惯和隐喻特点，做到熟悉原文和译文的文化背景，兼顾作者和读者的社会心态，慎重选择文化喻义，以达到情感共鸣，实现隐喻的等值转换。

综上，隐喻的文化属性在翻译教学中至关重要，因此在隐喻翻译教学实践中，教师应通过隐喻帮助学生理解不同文化对语言的影响，揭示各种语言现象背后所蕴含的文化背景，使学生在翻译过程中不再局限于语言的微观结构和字面意义，并能理解语言背后所蕴含的文化意义；还应通过对英汉语中的隐喻进行比较，选取英汉语言中具有显著相似性和差异性的隐喻作为教学内容的重点，由浅入深，从抽象到具体，循序渐进地传授英汉语言间文化的相似性和差异性，并结合隐喻的翻译技巧，提高学生的翻译能力。同时，教师还应督促学生在课内外重视文化知识的收集整理，以便提高自身的隐喻翻译能力。

（四）通过“互动批评”和测试手段检验学生的隐喻翻译能力和思维能力

教师在翻译课上不仅要传授翻译知识和技巧，还要给学生提供翻译实践机会，让学生自我探索，养成独立解决问题的思维习惯，在教与学的过程中，使学生逐渐摆脱教师这根拐杖，独立完成翻译任务。我们传统的翻译教学模式就是教师讲授课程内容、布置翻译作业，不能为学生提供生动丰富的翻译实际情境，因而学生对翻译意义的建构困难。隐喻翻译教学模式提倡在课堂上模拟实际情境，促使学生开拓大脑，回忆自己记忆中的知识和经验，用已有认知索引和同化新知识，在思维空间里赋有意义，形成深层记忆。若原知识不能同化新知识，也可对原知识改组重建，建立新的认知图式，提高学生的翻译实践能力。

所谓翻译能力，不仅是语言能力，还包括分析能力、文化转换能力、布局谋篇能力、思维索引能力等，因此在隐喻翻译教学中，教师在备课时要精心准备翻译材料，在教授新隐喻的同时，不忘巩固已淡忘的隐喻，从源域到目标域的映射来讲解隐喻，将其放到两个“域”中分析其语境、认知、文化属性，通过翻译技巧使学生对原文的理解更深入，提高学生的翻译实践能力。教师还应带领学生步入社会，在真实情境下进行翻译实践，进一步从实践中提高学生的隐喻翻译能力和翻译思维能力。

在教学效果测评方面，我们坚持用“互动批评”的方式对学生的隐喻思维方式和翻译能力进行测评。具体做法是教师在学生完成翻译习作后组织并指导学生开展小组成员间的相互评价、修改，让学生对自己及他人的思路、观点进行思考和讨论，教师从旁适时引导。通过师生、学生之间的充分交流、讨论、辩驳、合作等互动方式，可以提高学生对翻译课程的学习兴趣，巩固加深学生的隐喻翻译知识，提高学生翻译文章和评价译作的能力。

二、隐喻翻译教学模式的现实意义

认知语言学的兴起带来了隐喻研究的高潮，将隐喻研究从修辞层面上升到了概念层次，认为隐喻是普遍存在于人的思维和行动中的，其认知方式就是从源域向目标域的映射，其实质就是用一种事物来理解和体验另一种事物。将概念隐喻理论引入翻译教学，形成了隐喻翻译教学模式。该模式是基于对当前我国现行的一些翻译教学模式的优缺点的总结上提出的，既避免了传统模式中只对英汉语言的词法、句法、语法等语言能力的对比作为翻译教学的重点，从而忽略了培养学生翻译能力的弊端；又规避了当前模式中只注重宏观语篇、功能的翻译，而不符合我国学生语言能力的现状的缺陷。隐喻翻译教学模式在注重语篇、认知、文化等较宏观的问题的同时，重新关注语言的微观结构，使二者并重，既强化了学生的语言能力又培养了学生的翻译能力。此外，该模式还结合任务教学法、交互式教学法、过程教学法等多种教学方法设计课程内容和学生的实践训练，务求学生的翻译实践能力得以夯实和提高，并希冀对翻译教学的发展有所启迪，有所指导。

（一）隐喻翻译教学模式有助于学生培养隐喻思维

首先，隐喻所具有的组合创新能力可以将各种语言现象的微观结构结合起来，提高学生对语言的领悟能力。隐喻的组合创新能力表现在既能借词造词，又能赋予旧词新意，从而增加语言的内涵，丰富语言的表达方式。隐喻可以增强人们对未知事物进行组合的能力，既能超越思维过程中单纯的范畴化的局限，也能超越以规则为基础的语言范畴。

其次，隐喻翻译教学可以促使学生运用隐喻思维在目的语中找寻灵活恰当的表达方式，创造性地传达原文的信息，提高译文质量。翻译从本质上说是一种认知方式，隐喻亦然。翻译质量取决于译者能否通过创造性思维自觉运用隐喻的认知方式，巧妙地利用译文语言范畴去解释表达原文的语言范畴。因此，提高学生的隐喻意识，使其自觉地运用隐喻去处理翻译中的具体问题，在提高翻译质量问题上有其现实意义。

最后，隐喻翻译教学有助于学生运用思维差异检验自身的隐喻思维能力，开展“创造性学习”。语言的学习既应遵循规则，也要富于创造性。而翻译要求译者具有超语言能力，对创造性的要求就会更高。因此，学生在翻译教学过程中除了应该有目的有系统地学习外，还应在学习中具有主动性、创造性。

（二）隐喻翻译教学模式有助于培养学生的语境意识和语篇建构意识

翻译教学注重英汉语的词法、句法、语法对比的同时，还要关注语篇分析，从翻译目的、作者意图、读者意愿等多方面综合考虑。隐喻意义的理解是隐喻意义与隐喻所在语境的动态顺应过程，其创造性、差异性、复杂性、选择性等特点决定了隐喻意义的理解是受到不同语境影响的动态过程。语境对创造和理解隐喻的联想意义非常重要，隐喻联想意义的理解是在选择、建构、顺应动态语境的基础上实现的。因此培养学生的动态语境意识和语篇的建构意识至关重要。只有对动态语境的潜在含义充分认识，才能正确理解隐喻的含义；只有从语篇分析的角度整体把握原文，才能提高学生的布局谋篇能力。

（三）隐喻翻译教学模式将文化引入翻译教学

将文化引入翻译教学，有助于学生提高对语言宏观结构的认知能力，同时还有助于提高自身的跨文化交际能力，隐喻是一种认知现象，更是一种文化现象，承载着丰富的文化喻体意象。翻译的目的是传播信息，实现交际意图，这就要靠隐喻的翻译加以实现，因为翻译隐喻可以实现英汉语文化喻体间的意象含义的相互转换，使原文喻体的寓意能够被译文读者所领略。隐喻在语言中与文化的联系最为紧密，也是最能反映民族思维的异同共存的部分。隐喻翻译教学模式能够提高学生对语言宏观知识结构的认知能力、翻译能力，同时还可以在实际情境中提高学生的跨文化交际能力。

总之，隐喻翻译教学模式弥补了传统翻译教学中的不足，既重视学生这一学习主体，又为学生跨文化交际能力的培养和创造性思维的养成提供了可能。该模式所具有的新颖性和实用性还为激发学生的学习动机，培养学生的学习兴趣和热情提供了实现平台。此外，隐喻还有助于学生激发其记忆能力，让学生领会事物之间的联系，使学习任务由抽象转为具体，由枯燥乏味转为生动活泼。我们运用隐喻来增强学生的综合分析问题的能力，使学生对翻译学习的理解发生根本变化。

三、教学案例展示

运用隐喻翻译教学模式对实验班进行教学，将整个教学过程分为三个阶段：准备阶段，即翻译前的准备工作；实施阶段，即翻译教学的过程；评价阶段，即翻译后的综合评估。每一个阶段都安排了明确的任务，由教师和学生协同完成。

（一）准备阶段

众所周知，翻译教学需要在上课前精心准备。就教师而言，应该精心准备翻译材料，教学过程中的每一个步骤都要仔细安排；进行课程设计时，要考虑到学生的翻译水平，是否能驾驭翻译材料，同时还要衡量该教学要将学生的翻译能力提高到何种程度。而对学生来说，要做的准备工作就是对翻译的材料有所认识，对翻译的相关理论和翻译技巧要有初步认识。

1. 向学生发放教学资料并让学生分析文本

首先教师发放教学材料，让学生阅读并熟悉文本内容。然后教师要求学生分析例文并提供适时帮助。这一阶段教师的任务是参与到学生的讨论中来，并鼓励他们尽可能多的针对例文提出问题，彼此讨论翻译难点以及翻译策略。

2. 讲解隐喻翻译的技巧、原则

根据隐喻理论的恒定原则，以及隐喻的普遍性原理，为了使学生更好地掌握翻译这门课程，能够灵活处理各式各样的翻译材料，教师首先应将隐喻的微宏观特征与翻译技巧相结合，总结出隐喻的翻译方法，并将其介绍给学生们。翻译隐喻的方法可总结为三大方法。

第一，保留原文形象。保留原文形象又可分为直译、明喻化和直译加喻义三种方法。

第二，喻体形象平行转移。由于认知方式的不同，英汉两种语言对同一意义的表达可能采用不同的喻体形象，为了翻译成地道的目的语，将源语中的喻体形象翻译成译文中能够表示相同含义的喻体形象，做到平行转移。

第三，舍弃喻体形象只译喻义。由于英汉语言的认知文化差异，隐喻的喻体形象既难以保留也难以转移，那么只能舍弃，只翻译隐喻的喻义，用直陈、阐释等方法将其表达出来。但是这样一来，原文的美学价值可能就被削弱了，原文的精华表现不出来，使语言淡而无味，此时译者就要发挥自身的主观能动性，充分利用译入语的语言优势，尽量保证译文的美学价值。

（二）实施阶段

有了准备，教师就要开始实施。在翻译教学过程中，教师应充当好指导者的角色，即给学生适时的指导并保证教学在和谐的氛围中进行。同时，教师还应把握好时间，一般一个完整的教学内容应该在三到四课时内完成；教师还应综合考虑干扰因素，比如学生的注意力是否集中、讨论时间的长短等，这些因素在上课时都要灵活掌握。教师给学生发放的四篇翻译材料都是一些不同领域的比较有代表性的短文或短句。

学生拿到翻译材料后，首先要对材料进行一些基本的准备工作，大致浏览一遍，将生词解决掉，然后分小组讨论，每组五到六人。翻译可以分为理解、转换、重建三个步骤。在理解阶段，教师根据材料提出一些问题，让学生讨论解决。

（三）评价阶段

翻译完成后的评价，对学生来说是很重要的。在这一阶段，教师要通过评价让学生认识到翻译时的不足和错误，避免在今后的翻译中重复犯错。

在这一阶段，教师首先要总结学生的翻译习作中出现的典型问题，针对问题解决问题，并且鼓励学生发问，将他们在翻译中遇到的解决不了的困难进行提问。教师和其他同学一起帮助解决，问题解决后，教师给出一个译文答案，让学生和自己的翻译作品对比，分析自己翻译中的问题。

教师针对译文讲解结束后，让学生拿着参考答案再与原文对照理解隐喻的表达方式，找出自己翻译的不足之处。

第四节　隐喻翻译教学模式的实践探索

为了知道隐喻翻译教学模式是否行之有效，笔者采取了实验方法进行探索，实验的具体内容如下。

一、实验目的及实验假设

长久以来，翻译教学中最令人头疼的问题就是通过现行的翻译教学模式的教学没有达到切实提高学生的翻译能力的目的。针对上述问题，本实验提出了全新的翻译教学模式——隐喻翻译教学模式。写作目的就是要探索通过隐喻翻译教学模式能否提高学生的隐喻思维能力和翻译能力。从这一思路出发，得出了本实验的目的：测试隐喻翻译教学模式是否对翻译教学有所助益，是否对学生的翻译能力的提高有所助益。

基于以上目的，本实验设计了以下两个实验假设。假设一：隐喻翻译教学模式能够提高学生的隐喻思维能力和翻译实践能力；假设二：隐喻翻译教学模式能够激发学生对翻译课程的学习兴趣。

假设一通过两个测试得出结论，假设二通过问卷调查和在学生中进行访谈以得出结论。

二、研究工具

本实验所用到的工具包括：两份测试试卷，前测和后测各一份；一份调查问卷，前测和后测都要用到；一次访谈，在实验完成后进行；一学期的教学实验。

针对学生的隐喻思维能力和翻译能力的测试，本实验使用了前测和后测两次测验，其目的是通过前测了解两个班的学生是否在同一翻译水平上，经过一学期的教学实验，用后测来检验实验班和控制班的教学效果是否存有差异。在实验开始前和实验结束后，都要进行一次问卷调查，检验通过使用隐喻翻译教学模式的教学实验，学生的翻译兴趣是否有所提升，学生对翻译课的态度是否有所改变。实验结束后，还要随机抽取一些样本进行访谈，进一步了解他们对隐喻翻译教学模式的看法和建议。

三、实验研究步骤

（一）前测测试

本实验在前测测试中采取试卷形式，在实验班和控制班中统一进行，测试试卷要求学生在 90 分钟之内完成。测试试卷的题目是在其他两位翻译教师的帮助下，从历年翻译试卷和高级课本中选取出来的。试卷的评分工作是由教师完成，并由另一位本学院的有多年翻译教学经验的教师进行审核的。试卷满分为 100 分。

（二）实验前的问卷调查

前测问卷调查是在两个班共 62 人中进行的。问卷包括十五道题目。问卷调查，旨在了解翻译教学的现状；学生对翻译的兴趣如何；学生怎样完成翻译学习任务及在此过程中所遇到的困难；学生对翻译的理解以及他们期望的翻译课程是什么样的。

（三）教学实验过程

身为两个班级的翻译教师，在新学期开始时对实验班和控制班进行了不同模式的教学。在实验班，采用了隐喻翻译教学模式，而在控制班采用了传统的翻译教学模式。在控制班所采取的传统翻译教学模式主要分为以下几点内容：一是翻译理论和翻译技巧知识的讲授；二是对课本中的例文进行分析；三是由学生独立完成一些翻译练习；四是点评学生的翻译作业并给出最终译文答案。在实验班采用了隐喻翻译教学模式。通过对理论知识的讲解，从宏观和微观两个角度多个视角对待翻译的文章进行分析，同时使学生与教师、学生与学生之间互动起来，通过小组讨论的形式促使学生积极参与到课堂教学中来，并布置翻译练习，学生在完成后对他们的翻译习作进行“互动批评”，彼此交流思路。具体说来该教学实验可分为三步。

第一步是对该模式理论知识的介绍。概念隐喻理论是该模式的理论指导，教师在引入该模式的教学前应让学生从理论上有所认识。通过对概念隐喻理论的定义、类型、工作机制、特征等方面的讲解，使学生认识到该理论对翻译能力提高的重要性。了解类型，学生可以从结构、方位、实体等方面辨识隐喻；体会工作机制，学生可以树立“源域”“目标域”“映射”的观念，在遇到不能理解的事物时开拓思维，从“域”中找寻答案；认识特征，学生可以对隐喻的普遍性、系统性、认知性、语境性、文化性等宏观层面有所了解，使他们在翻译中注意从宏观上把握原文。

第二步是教师选取一些比较典型的翻译资料，针对资料中所涉及的隐喻进行宏观和微观层面的分析。从课堂组织形式来说，可以采用小组讨论的形式，教师通过设置相关问题加以引导，使学生积极主动的思考，从自己已有的认知中找出答案。教师在这里不仅充当着知识的传授者，还应充当参与者，和学生一起探讨，让学生自己努力完成学习任务，而不是“衣来伸手饭来张口”。只有让学生“自己动手丰衣足食”，才能切实提高学生的隐喻思维能力翻译能力。

第三步是针对教师布置的课后练习，教师应组织学生进行“互动批评”，让小组成员指出每个人的翻译习作中的问题并加以探讨，互相交流彼此的翻译思路，最终评出“最佳译文”。

（四）后测测试

期末在两个班中进行了后测测试，测试时间还是 90 分钟，评分方式也与前测测试的相同。通过后测，检验经过一学期不同模式的教学，两个班的教学效果是否有显著差异。

（五）后测问卷调查

后测问卷与前测问卷采用同一份问卷，但只对实验班进行调查，目的是了解经过一学期的教学实验，他们对翻译课程的态度、学习翻译课的兴趣、处理问题的能力、隐喻思维能力是否有所改变。

（六）访谈

从实验班随机抽取了 15 名学生进行访谈，其目的是进一步了解学生经过一学期的教学实验，他们对隐喻翻译教学模式的观点，对教学过程的理解程度以及对该模式教学效果的看法。他们的观点也从侧面反映了新的教学模式存在的问题。访谈的问题如下：

（1）你认为这学期所采用的翻译教学方式对你翻译能力的提高有所帮助吗？如果有，你觉得哪方面提高了？

（2）与过去相比，你是否对翻译更感兴趣了？为什么？

（3）你对翻译的看法是什么？你对教学中的翻译方式有所了解了吗？你喜欢用什么方法完成翻译任务？

（4）你对这种翻译教学方法有什么建议和意见？

四、数据收集和分析

在教学实验过程中，对测试的成绩、问卷的情况以及访谈的情况加以收集和整理，用 SPSS18.0 进行分析，主要用到了描述性数据分析标准标准差、T 检验、F 检验。

（一）测试的数据分析

在教学实验开始前，对实验班和控制班进行了前测测试，现将两个班的分数的各项对比结果分析如下：

实验班的平均分是 76.322581，控制班的平均分是 76.064516，两个班的平均分相差无几，不影响实验效果。T 值和 F 值所对应的 P 值分别是 0.0089 和 0.008872111，数值非常接近，可以推断出两个班学生具有非常接近的翻译水平，可以作为实验研究的对象。

前测过后对两个班的学生分别用隐喻翻译教学模式和传统翻译教学模式进行了教学实验，实验结束后对两个班的学生进行了后测测试。

教学实验后两个班的分数差异非常显著，实验班的平均分明显高于控制班（81.483871 > 77.06452）；标准差越大表明学生的分数与平均分的差异越大，标准差越小表明学生分数与平均分越接近，实验班的标准差小于控制班的（5.993724 < 6.66301）；另外，P 值（0.0151 < 0.05）表明实验后两个班的翻译能力存在显著差异。由此可以证明，隐喻翻译教学模式比传统翻译教学模式更能提高学生的翻译能力。实验测试结果显示实验班学生的翻译表现远远优于控制班学生的表现。

为了使测试结果更清楚明白，将实验班和控制班的前后测数据进行了比较：实验班学生的平均分从前测的 76.322581 提高到了后测的 81.483871，提高了 5 分多，而且 P 值为 0.001，这意味着通过隐喻翻译教学模式的教学实验班的学生有明显进步，即从平均分和 P 值的比较中发现，实验班学生的翻译技能进步明显。而控制班的平均分从前测的 76.064516 提升到了后测的 77.06452，只提升了 1 分，而且 P 值为 0.087，可见传统翻译教学模式对学生翻译技能的提升没有显著差别。

（二）对实验前后问卷调查结果的数据分析

为了调查实验效果，实验前对实验班和控制班的学生都发放了问卷，实验后针对新模式的教学效果只对实验班发放了问卷，问卷共分为十五道题目，三个内容，一到五题旨在调查学生对现在翻译课的态度；六到十题旨在在调查学生的翻译兴趣；十一到十五题旨在调查学生对翻译教学过程的理解。学生对选项的频度用百分比显示，1 到 5 的数字分别代表问卷中的五个选项。

从学生对第一题和第二题的选择情况可以看出半数以上的学生认为现在的翻译教学模式不能提高他们的翻译能力，62.9% 的学生认为教师并未介绍翻译的有关理论；第三题中只有 32.25% 的学生认为教师对相关背景知识有介绍；在第四题中有 67.75% 的学生不满意当前的翻译教学模式，只有 8.06% 的学生表示非常满意；在第五题中，70.97% 的学生都觉得课堂上所学的内容用不到翻译实践中去。根据数据可以推断出大部分学生认为当前的翻译教学模式不能提高他们的翻译能力，因此不适合。

第六题的结果显示有 64.52% 的学生对当前的翻译课不感兴趣；第七题和第八题是对学生是否愿意参与课堂活动以及课下会不会主动做翻译练习的调查，两题均有 61.29% 的学生表示不愿意参与课堂活动也不会在课下自愿做翻译训练；在第九题的调查中显示，77.42% 的学生即大部分学生认为他们的翻译水平很低，只有 11.29% 的学生认为自己的翻译水平很好；第十题的调查显示，只有 22.58% 的学生学习翻译的目的是交际，大部分学生学翻译是为了在考试中过关。由此我们可以得出如下结论：学生对翻译的兴趣很低，对学习翻译课的目的也不十分明确，因此教学效果也不理想，学生的学习主动性也没有激发出来。

学生对翻译教学过程的理解程度非常重要，直接影响学生的学习效果，因此十一到十五题是对翻译教学过程的理解程度的调查。

从第十一和十二题来看，大部分学生认为文化背景知识对翻译的理解非常重要，但只有约四分之一的学生可以从文章中推断出原文作者的写作意图；在十三题中，48.39% 的学生不认为对原文的理解过程就是译者与原文作者之间的思想交流，也有 17.74% 的学生对此没有看法；读者的期望和接受水平的调查显示有 56.45% 的学生不会在翻译中对此加以考虑；最后一题中有 58.07% 的学生认为词汇语法知识影响翻译质量。

从上述描述可以知道学生对翻译现状、翻译兴趣以及翻译过程的理解程度的看法。教学实验结束后，用相同的问卷对实验班进行了调查，结果显示：

第一，学生对隐喻翻译教学模式的态度。第一到五题分别显示 77.42% 的学生认为隐喻翻译教学模式可以帮助他们提高翻译水平；74.2% 的学生认为教师在课堂上介绍了隐喻翻译的相关理论；70.97% 的学生认为教师介绍了相关背景知识；74.2% 的学生对隐喻翻译教学模式非常满意，但也有 6.45% 的学生认为所学知识不能运用到翻译实践中去。从调查结果可以看出大部分学生从隐喻翻译教学模式中受益，学生能够接受新的教学模式。

第二，学生的翻译兴趣。从第六到十题的结果看出，大部分学生表示对新教学模式很感兴趣，同时愿意参与课堂活动，也愿意在课外做翻译练习；第九题的数据显示，有 35.48% 的学生表示他们的翻译水平不错，比测前的 11.29% 提高了 24.19%，结果表明学生做翻译时更有自信了；新的教学模式使大部分学生都很清楚学习翻译的目的是交际，而只有 19.35% 的学生坚持认为学习翻译的目的仍然是应付考试。由此可见，经过隐喻翻译教学模式的教学实验，学生学习翻译的兴趣大大提高，在课堂活动中也更积极主动，翻译时也比以前有自信，因此该模式比较适应学生的学习，也能够激发学生的学习热情。

第三，学生对翻译过程的理解。从最后五道题的调查中看，学生对翻译教学过程的理解有明显变化，87.1% 的学生做翻译练习时会考虑原文作者的写作意图，70.97% 的学生认为翻译的理解过程是译者与原文作者之间的思想交流；80.65% 的学生表示翻译时会照顾到读者的期望和接受程度。

总之，通过问卷调查可以看出采用新的教学模式，学生对翻译课程的态度有所改善，学习翻译的兴趣更加浓厚，在课程学习中也能将自己作为教学和学习的主体，能发挥主观能动性。

（三）对访谈的分析结果

在一个轻松愉快的环境下对学生进行了访问，并告知学生该访问不会影响他们的成绩，他们可以畅所欲言，得出的访谈结果如下：

第一，隐喻翻译教学模式使他们的翻译能力有所提高，他们也可以将隐喻翻译的方法用于实践，在做翻译练习时，学生会综合考虑作者、读者意图，也会关注语篇语境、文化等因素。

第二，过去很多学生上翻译课都是应付差事，应付考试，不是发自内心想学翻译，并将翻译用于真实的交际情景去。经过新教学模式的教学，学生愿意上翻译课，愿意参与课堂活动，也会从隐喻思维角度思考问题。他们表示，课下他们还会从网上主动搜集隐喻资料，以便更好学习。

第三，访谈中，大部分学生表示他们对翻译的理解更深刻了，也明白翻译不是逐字逐句的语言转换，需要考虑许多微观和宏观方面的因素，只有这样，才能翻译出优秀的译文。

第四，学生们还表示现在他们希望可以多用隐喻思维方式进行翻译训练，同时还表示希望教师能够再增加理论方面的知识的授课，同时多安排互动式的课堂活动。

五、隐喻翻译教学实验的启示与局限性

（一）隐喻翻译教学模式教学实验的启示

通过隐喻翻译教学模式的教学实践以及测试、问卷调查和访谈等手段，可见该模式的教学效果还是可以肯定的。学生在该模式的教学指导下，大幅度提升了学习兴趣，对翻译的理解也比之前深刻，学习的主动性前所未有的积极，学习热情也空前高涨。除此之外，通过该模式的教学，学生的隐喻思维能力和翻译能力确实有所提高。因此，认为该模式可以应用于翻译教学实践中去。

（二）隐喻翻译教学模式教学实验的局限性

该模式的实验对象范围比较小，只局限于一个年级一个班的教学，其代表性有贷商榷。而且，教学时间也比较短，只有短短的一个学期，很多相关理论没有做详细介绍，好多翻译训练也没有系统进行，而且也没有时间按照想法将学生带到真实环境中去加以训练。

第六章　基于生态翻译视角的高校英语翻译教学研究

生态翻译学是以生态的角度对翻译的本质、过程以及方法等进行新的剖析的一门学科，关注的是翻译的整体性研究。与其他翻译的研究相比，生态翻译学还是一门新兴的学科，但是有着可信的哲学依据、全新的基本理念以及译评标准。所以，生态翻译学的理论体系可以说是日渐成熟。

第一节　生态与生态教学概述

一、生态与生态学

（一）生态与生态学的概念

1. 生态的概念

“生态”一词，现在通常是指生物的生活状态。指生物在一定的自然环境下生存和发展的状态，也指生物的生理特性和生活习性。

简单地说，生态就是指一切生物的生存状态，以及它们之间和它与环境之间环环相扣的关系。现在，“生态”一词涉及的范畴越来越广，人们常常用“生态”来定义许多美好的事物，如健康的、美的、和谐的等事物均可冠以“生态”修饰。

2. 生态学的概念

生态是指生物和环境以及各种因素之间相互联系、相互作用的关系。生态学是研究这种关系的科学。生态学一词是由自然学家亨利·索瑞于 1858 年提出的，但他没有给生态学明确的定义；德国著名博物学家艾伦斯·郝克尔在其所著的《普通生物形态学》中将生态学一词定义为“研究生物及其生活过程与环境的关系，尤其是指动物有机体与其他动、植物之间的互惠或敌对关系”。

（二）生态学的主要理论

1. 横断理论

所谓横断理论，是指不必考虑各个过程的具体物质特性，广泛适合于诸多学科的基本理论。它们不以客观世界某一种运动形式或某一种物质结构、物质形态作为研究对象，而是以许多不同的运动形式或是以许多不同的物质结构、物质形态在某些特定方面的共同点作为研究对象。旧三论（系统论、控制论、信息论）和新三论（耗散结构理论、突变论、协同论）是人类历史发展中的横断理论。

现代科学、技术、经济与社会的发展及其相互影响和相互作用，在客观上要求用跨学科或多学科综合研究的方法寻求解决理论和实际问题的各种可能途径。系统论、控制论、信息论等横断科学理论，正在向所有科学结构层次横向拓展和渗透，在生态学研究中应用日趋广泛。

2. 物质循环和能量流动

物质循环和能量流动的基础是物质不灭定律与能量守恒定律。按照系统论的相关性，质量和能量之间互为转换和守恒，物质是能量的载体，物质不灭和能量守恒是相互统一的。

生态系统的能量流动是指能量通过食物网络在系统内传递和耗散的过程。能量流动规律是人们合理地调整生态系统中的能量流动关系的理论依据。通过调整，能量可以持续高效地流向对人类最有益的部分。

3. 拟态作用

拟态是生物在自然界长期演化中形成的特殊行为。一些弱小的生物，从自己的利益出发，为了生存和发展，会做出各种各样的拟态。拟态是指一种生物在形态、行为等特征上模拟另一种生物，从而使一方或双方受益的生态适应现象，生物在形状、色泽、斑纹等外表特性上与非生物相似的现象也属于拟态。

4. 最小样方面积

实地调查是生态学最为常用的方法之一，凡是通过各种形式的调查而获取信息的方法称为调查法，包括普查法、交谈法、抽样调查法、典型调查法等。

普查法得到的数据可信度高，但实际工作中对一个地区生物物种进行详细逐一调查几乎不可能，因而，采用最多的往往是最小样方法。

把能够反映群落基本特征，包含群落绝大多数物种的最小样方面积，称作最小面积或者表现面积。最小样方来自概率论，概率论的发展说明了理论与实际之间的密切联系，在自然界和人类社会中大量存在着随机现象。

二、生态教学概述

（一）生态教学的定义

生态教学，指运用生态的观点和思想来指导教学活动。它强调用一种生态的眼光、观点、思想来看待教学，从而实施教学活动，是一种有利于学生可持续发展，建设良好和谐的师生关系的教学模式。在教学实践中，用生态的思想方法观点来研究分析教学内容、教学方法、教学评价、课堂教学环境、教学效果反馈等，使教学能够健康、良好地发展，从而促进学生的成长和学习。

（二）生态教学的基本特征

生态教学强调学生各方面的发展，强调以学生为根本，重视学生兴趣爱好，重视建设和谐的师生关系，强调学生和教师之间平等的地位，强调给学生一个开放的自由的学习环境和课堂教学环境，使学生在学习过程中获得可持续和终身的发展。

1. 注重学生的可持续发展

可持续发展的内涵是协调自然、人与社会发展之间的关系。将可持续发展延伸到教育上来，就是要注重学生今后的长期发展、终身发展，重视学生的当前需要，确立以人为本的发展观。

学生是人类未来的希望，他们应该在不断获得新的经验知识和成长的过程中不断变得成熟。要使每一个学生拥有美好的未来，就要注重学生的可持续的发展。学生是独立的人，人离不开社会，而社会的可持续发展离不开人的可持续发展，只有人的可持续发展才会促进社会的可持续发展。而人的可持续发展就需要教育做出贡献。

学生的可持续发展，是将学生一生的发展作为一个整体，一个完整的生态，即学生既拥有可持续发展的内在愿望与自我诉求，树立可持续发展的目标，又具有可持续发展的能力，能够实现发展的可持续性。

2. 注重平等和谐共同发展的新型师生关系

生态系统的基本观点在于强调系统中各因子之间的相互联系、相互作用以及功能上的统一。教育的生态系统不仅处于与其他的社会系统有相关的联系，而且处于各个教育生态系统内部子系统的彼此联系之中。学校作为教育生态系统的子系统，学生和教师作为学校生态系统中的两个因子，这两个因子相互联系、相互作用、相互交往。只有学生和教师保持相对平衡性、有序性，他们各自的功能才能得到有效发挥，物质与能量的流入和流出才能协调一致，教师和学生的发展才能达到和谐统一。如果这两个要素之间的循环断裂，使其不能相互联系、相互作用、相互依赖，打破了教育要素之间的平衡，不要说师生自身的发展，就是整个学校甚至整个教育也会出现断裂。因此，在英语生态教学中，学生和教师是交往互动，和谐、共同发展的关系。

3. 注重教学内容的生活化

英语生态教学注重教学内容来源于生活，贴近学生的生活，将生活中的话题引入课堂，便于学生在生活情境中更好地理解教学内容，使学生容易获得成就感，并激发学生继续学习的兴趣。

传统的教学一般比较注重理论的讲解和知识的灌输，教学内容相对来说不灵活，学生学习的积极性不高，而且有一些和他们的生活是有一些距离的，所以教学效果并不理想。因此，英语教学过程中，应该理论联系实际，将生活的实际和教学内容相结合，这样才能进行有效的教学，得到满意的效果。

4. 注重课堂教学环境的建设

课堂教学环境对于学生的发展、教师的教学、教学活动的顺利展开，都有很大的影响作用。所以，要想取得良好的教学效果，课堂教学环境就应该进行改善。课堂教学环境一般分为人文环境和自然环境。

具有生态特点的课堂教学人文环境，通常比较侧重学生和教师之间情感上的交流，打开学生的心灵，营造一种开放、自由、和谐美好的人文环境，开放的人文环境主要表现为同学之间自由地交流彼此的想法，课堂教学氛围轻松自在，游戏、歌曲、表演、小组合作的教学方法和学生的实际相结合，达到一种开放、自由、美好、和谐的人文课堂教学环境，给学生足够的学习空间。

具有生态特点的课堂教学自然环境，主要指课堂上桌椅摆放的方式不应该像传统的稻田式的课桌椅的摆放方式，应该更注重学生和教师之间的交流，使教师和学生在课堂中的对话更加亲近，而不是以教师为中心。另外，教室墙面的张贴画也应该从生活方面着手，选择真实情境的画和装饰，一方面可以贴近学生的生活，一方面可以使学生更让容易学习和理解英语，也有利于创造英语语言交流的环境。

第二节　生态翻译学及其对翻译教学的影响

一、生态翻译学

（一）生态翻译学理论基础

1. 生物多样性理论

生物生态的多样性是指一定范围内多种多样活的有机体，包括动物、植物、微生物等有规律地结合所构成的稳定生态综合体。这种多样性包括不同物种的多样性，即物种多样性、物种内部基因多样性、生态系统内和生态系统间相互作用的多样性。

生物多样性在翻译生态系统中也是显而易见的。翻译过程中涉及的源语创作者、源语读者、源语研究者、译者、目的语读者和翻译研究者共同构成了生物群落的集合体。在这个集合体中，各要素之间相互作用，且同时会受到语言差异、文化差异以及社会价值差异等方面的影响。生物生态的多样性理论强调，丰富多样、异质性强的生态系统是最强劲的生态系统，多样生物相互作用、相互渗透，才能构成一个生机勃勃的生命世界。翻译生态系统也是如此。翻译生态系统多种生物之间的相互依赖和相互制约的生态特征不断给翻译界注入新的活力和顽强的生命力，使翻译生态系统经久不衰、生命永恒。

2. "以人为本"的翻译理念

翻译是一种典型的人际交往行为，其最终目的是促成一种在不同语言、不同文化的人们之间进行的独特交往，因而"以人为本"的理念应该也必须贯穿始终。哈贝马斯提出的“交往理性”认为，主体间性与交互主体性是交往行为的基础，各个主体应该以平等和谐的方式进行对话，单纯地强调某个独立的主体不利于交往活动的实现。译者既不应被看成机械的外在标准的实践者，也不拥有随意而为的绝对自由，而应当成为主动承担桥梁作用的沟通者。“以人为本”是科学发展观的核心。经过实践经验，“以人为本”是可行的施政与建设理念。可见，生态翻译理论秉承的“以人为本”理念将翻译的理论与实践建立在真实的、具体的参与者基础之上，与科学发展观战略思想的内涵殊途同归，反映出中国传统文化中的经典生态智慧，蕴涵着丰富的哲理。

翻译活动中所涉及的“人”主要包括作者、译者与读者。为深化“以人为本”的翻译理念，通过探讨三个主要参与者之间的内在联系与相互影响，提出译者既是“以人为本”的主要接受者，又是主要施行者；从本质上来看，“以人为本”并不是要选取作者、译者与读者中的任意一方为中心，而是要将三者整合起来，使三者融为一体，打造为新的中心。译者的职责与任务是既要忠实于原文作者，又要为译文读者服务，而读者与作者之间的共鸣程度和交际效果则取决于译者的斡旋协调能力与努力。如果生硬地把任何一方提升为压倒一切的中心，那就脱离了翻译实践，违背了翻译规律，必然造成翻译结果的欠妥，甚至导致交际的失败。因此，翻译实践中的“以人为本”并非过度张扬译者主体性，而是不仅体现在“以译者为中心”，还要求译者充分考虑作者与读者的需求与感受，在兼顾原文、作者、译文与读者之间平等对话的基础上，寻求实现翻译生态的平衡与和谐。

3. 语言多样性理论

语言是在物质存在与意识存在共同作用下产生的，其蕴含的某些物质可以用来构建人类意识，且物质与其构建的人类意识形态紧密相关，当物质条件产生变化时，其构架的意识形态也会产生相应的变化。因此，语言的生态学关注语言多样性、濒危语言、语言活力、语言进化等问题。生态语言学从全球生态系统的高度思考语言多样性问题。

语言多样性是语言生态系统最显著的特征，包括语种多样性、词汇多样性和语用形式的多样性。健全的语言生态系统是多种语言共存并与社会环境相互作用的一个动态平衡系统，对语言和文化的生存发展具有重要意义。语言生态的多样性是生物生态多样性的必然结果，是确保人类在地球上健康生存和发展的根本条件。有研究表明，生物多样性程度高的地区，语言多样化程度也高，二者存在地理相关性。语言并非凭空产生，它是人类不断进化而产生的结果，当人类文明越来越发达，语言也就越来越成熟。其实我们可以说，语言从本质上来看就是生物多样化的结果。

生命系统具有多样性，其表现形态也比较多样。其中，生物多样性与语言多样性就是两个比较重要的表现形态。语言多样性的产生与发展及生物多样性存在紧密的关系。生物多样化的环境能形成丰富多样的食物链，适合人类生存与进化；生态多样化造成了人类种群的多样化，从而直接促成了文化的多样性。

语言多样性具体可以表现为翻译。译者在进行翻译实践的过程中，需要尊重生物生态的多样性，尊重语言生态的多样性，只有这样翻译的效果才能获得保障。这种翻译实践活动中的要求进一步提升了译者主体的地位，译者主体性将会进一步得到充分展现。译者生物群落的每一个成员都有责任站在全球的高度，以全球文化主人公的姿态，关注翻译的无机环境——某种语言材料，及其相关自然生态环境、制度文化、行为文化或一定的观念文化，使多样性的语言生态形式保持健康活力。特别在少数民族语言的翻译和翻译研究时，既要关注目的语读者的接受度，更要关注源语作者的“文化自我”，保存源语词汇的文化特色，保持语言生态系统的多样性和开放性。只有这样，我们才能保证语言生态系统的生物链可以得到有效的维护，语言才能获得稳定的发展。

（二）生态翻译学的范式特征

生态翻译学的范式特征集中体现在两个方面：整合与超越。

在生态翻译学的“整合”方面，我们提出，西方各种翻译理论派别的理论有许多精彩和合理的方面，是时代的新的理论创造、新的理论成果；但是受时空、地域、文化、视野的限制，也都存在不足或不能整体适用的方面。因此，在阐释生态翻译学的基本理论时，我们一直把吸收与扬弃、整合与超越、传承与发展的基本原则作为构建生态翻译话语体系的指导原则。我们努力吸收各个翻译流派合理的内核，扬弃其失之偏颇部分；整合生态翻译学的理论共识，力求超越不同流派的局限；传承中西译学传统的智慧，把翻译研究作为发展生态翻译学的出发点和归宿。该理论范式是由多种学派的理论汇聚而成，因而具有多元性特征。生态学是一种在社会上发挥重要的方法论，它能支配具有普遍性的社会思维方式，同时对社会产生不小的影响；同时，由于生态视角的翻译研究是生态理性观照下的翻译研究，或者说是运用生态哲学进行的翻译研究（如整体平衡原理、共生共存法则、多样统一规律等），因此是一种具有哲学意义上的和方法论意义上的翻译研究；而作为从生态视角审视翻译的普通理论，生态翻译学又是一个涉及“译学”“译论”“译本”的整合性研究。

西方学者对生态翻译学的“超越”问题认识比较深，其研究成果影响颇大。国际翻译与跨文化研究会会长朱丽安·豪斯在第四届国际生态翻译学研讨会上指出：言其创新，因为生态翻译学从多维度的生态视角翻译研究已经推陈出新，超越了以往的研究途径。该研究范式把翻译现象看成内涵丰富的生态系统，并将“翻译适应选择论”“翻译文本移植论”“翻译生态平衡论”等理论整合进全景视野之中。该宏大视野在当今意义非凡，因为全球化和国际化正使生态语境的个别性和文化特殊性之间的界限日趋模糊，走向新颖的天下大同。在此，我十分赞赏生态翻译学对翻译语境的独到探求，也十分赞赏生态翻译学对原文、译本和译者群体的深入研讨。

西班牙奥维尔多大学、比利时鲁汶大学罗伯托·A·瓦尔迪昂教授指出：生态翻译学代表了一种新的翻译研究范式，具有巨大的研究和学习潜力。以此为理论框架完成的博士 / 硕士论文的数量巨大已充分证明了这一点。这一研究范式与西方其他学派有着明确的联系……生态翻译学是一个真正意义上的整合性的研究范式，它可以激发跨语言、跨文化的研究，强调译者不是在真空里工作，译者不仅受他们自身文化的影响，也受源语文化的影响，同时也受他们自己的好恶以及他们作为专业人员和作为人类生存所必需的等方面的影响。

欧洲翻译学研究会创始人之一、德国达姆斯塔特工业大学哈德冈底斯·斯朵茨博士认为：翻译研究的生态学途径的确新颖，我相信传统的西方翻译理论可以从这种翻译研究的新理念中获益匪浅。如果将欧洲翻译理论的各种中心观点和这种起源于东方的新理论相结合，这势必扩大我们的研究视野……在聆听了胡庚申教授的演讲之后我意识到，生态翻译是一种超越了我们以往所耳熟能详的各种翻译理论的新的研究途径。

国际生态翻译学研究会顾问、丹麦哥本哈根大学凯·道勒拉普教授指出：可以预见，在不久的将来，生态翻译学作为一个有组织的翻译研究学派，必将与国际其他翻译研究流派并驾齐驱！

上述西方学者关于生态翻译学的“整合”与“超越”的种种评述，如生态翻译学“推陈出新，超越了以往的研究途径”“一种新的翻译研究范式，具有巨大的研究和学习潜力”“一个真正意义上的整合性研究”“一种超越了我们以往所耳熟能详的各种翻译理论的新的研究途径”“优于西方翻译理论的解释力”等，既可以看作是对生态翻译学研究的一种肯定和褒扬，同时也可以从一个侧面体现出生态翻译学所具有的“整合”与“超越”的特征。

研究表明，由于“范式”从本质上讲是一种理论体系，而系统的理论体系又是“学派”形成的一个重要因素，因此，任何学派的形成都是基于不同于“他者”的研究范式。研究还表明，作为一种生态范式的译学研究，生态翻译学“整合与超越”的范式特征将会越来越显著；随着生态翻译学派日渐成型，“与国际其他翻译研究流派并驾齐驱”的学派发展也将指日可待。

（三）生态翻译学的研究现状

随着生态翻译学逐渐被人们认识，许多国内外学者也开始尝试从生态学的研究角度研究翻译学，在相关刊物上也发表了很多研究成果，这就给翻译研究注入了一些新鲜血液。

1. 国外学者对生态翻译学的研究

在国际翻译界关注并且研究生态翻译学的大有人在，其研究成果造成轰动的主要有以下几位：米歇尔·克罗尼恩在《翻译与全球化》一书中提出要关注语种“翻译的生态”问题；安德烈·勒菲费尔与苏珊·巴斯内特于1900年提出“文化转向问题”，多次将翻译的语境描述为“文化环境”，并使用“发现树木生存之地”“描述植物生长之状”等生态类比翻译研究中语言学家的探索行为。这些研究都说明从生态学视角解释翻译是可取的，这些研究都为生态翻译学研究奠定了坚实的基础。

2. 国内学者对生态翻译学的研究

自从生态翻译学提出以来，国内许多书籍、期刊杂志上也出现了许多与之相关的理论及实践研究。近年来，许多在校研究生，甚至是博士生都在导师的指导下，开始探索生态翻译学的奥秘，下面将详细分类说明。

（1）关于生态翻译学的书籍

2004 年，胡庚申的《翻译适应选择论》出版。在这部著作中，胡庚申主要论述了“翻译即适应和选择”这一问题，从这两个视角出发，对一些翻译基础问题展开了新的描述，这些问题包括翻译的本质、原则、过程以及方法等。2013 年 10 月，由商务印刷馆出版的胡庚申的《生态翻译学——建构与诠释》，运用相似、类比、概念移植和系统总观的跨学科研究方法，对生态翻译学做出了全景式的描述与诠释。

（2）关于生态翻译学理论的论文

2011 年，恩创·哈格斯在《上海翻译》第四期上发表《生态翻译学报告：十年研究十大进展》，集中报告了生态翻译学在中国的研究和进展。2011 年，蒋晓华、宋志平、孟凡军在《中国翻译》第一期上发表论文《生态翻译学理论的新探索——首届国际生态翻译学研究会综述》，对 2011 年 11 月 9 号到 10 号在澳门理工学院举行的生态翻译学研讨会进行了深入探讨。这些论文都是针对胡庚申教授提出的生态翻译学做出的积极探索，进一步丰富了我们对生态翻译学的认识。

（3）关于生态翻译学运用于实践的论文

除了上面关于生态翻译学理论探索的相关论文之外，也有不少学者开始尝试将其运用到翻译实践中，将生态翻译学这一理论与翻译实践结合起来。

生态翻译学对文学翻译产生了影响，安徽师范大学翟红梅探讨了“适应与选择——林语堂英译《浮生六记》翻译策略研究”，蒋晓华运用翻译适应选择论中的“多维度适应与适应性选择”分析了《牡丹亭》的三个译本，从语言维、文化维、交际维分析了三个译本的特点与得失等。在哲学社科研究方面，焦卫红的《严复译著 <天演论> 的生态翻译学解读》，对“信、达、雅”提出了新的探讨，山东曲阜师范学院孙伟探讨了《生态翻译学视角下的 <论语> 英译研究》等。在商务法律翻译翻译方面，西南政法大学外国学院黄春芳探讨了“生态翻译学视角下的法律文本研究”，运用“三维”方法解读了法律文本的翻译问题等。

此外，许多学者近年来也开始用生态翻译学的研究方法解释一些旅游景点的翻译、公示语翻译、民俗研究等，为翻译实践研究注入了新活力，促进了生态翻译学的可持续发展。

二、生态翻译学对翻译教学的影响

（一）生态翻译学对翻译教学的启示

传统的翻译教学法多以传统语言学理论为基础，从分析两种语言特点对比入手，分别介绍常用的方法技巧，如词性转换、词量增减、词义分合、语序顺逆等，教学顺序也多是从词法到句法：先讲词的词义选择、词性转换、词数增减，再讲句子的分合、换序，后讲段落篇章的衔接连贯。以这种理念安排教学活动，似乎符合由浅入深、从易到难、循序渐进的学习规律，可以有条不紊地选择翻译材料，系统规范地完成教学计划。然而由于传统的翻译教学法多基于两种语言的词法、句法对比练习，学生的语言能力可能得到加强或提高，可是他们能否适应实际工作的需要却值得怀疑。也就是说，学生在课堂上接触了大量的译例，掌握了足够的翻译技巧，能随意举出增词减词、正反表达的例子，但这些技巧却不见得对真正从事翻译实践有多大帮助。

从生态翻译学的视角看，其根本原因是技巧的运用与译例的选择脱离了翻译系统的整体性观照。生态整体论认为部分的性质由整体决定，而双语对比与翻译技巧，多基于语言的语音层、词汇层、句子层等子系统层面，每一部分的译例和练习大多是相互独立、互不关联的。由于缺乏整体视角关照，一个译例应用某翻译技巧之后得到的译文，孤立来看，可能简洁精练、流畅可读，好像非此不成佳译，而得此佳译则非此技巧不行。例如，讲授基于英汉语形合意合法对比的省译技巧时，往往建议不要将 as、when 译为“当……的时候”，否则译文会哆嗦拗口、句式欧化。然而，我们若考虑译文系统整体的功能和效果，上述建议便值得商榷。有时为体现语体上的庄重舒缓，when 若仍用省译就不一定可取。因为在具体翻译实践中，作为翻译活动主体的译者所实施的任何增减分合等技巧，表面看是语言转换所致，实际是译者为适应当时的翻译生态环境而做出的程度不同的动态选择。翻译教学中应尽力重塑译者的翻译生态环境，才能使技巧的讲解与运用得到合理的定位。而基于静态的语法和语言对比所演绎出的翻译技巧，忽视了有生命的翻译主体与翻译生态环境的互动，把技巧当成了解决翻译问题的工具和灵丹妙药，结果必然会出现翻译技巧教或学了没用、不教不学也一样会译的尴尬局面。

所以，为教学方便而分别教授的技巧方法，应考虑到翻译活动的有机整体性，组成这一整体的内部各因素，应服从整体的独有特性和功能。判断某个译技或译例的价值，需整合考虑其所在系统中各因素之间相互影响的复杂关系，用系统的整体性视角衡量译技与译文的优劣得失，避免就事论事，脱离翻译生态系统整体效果和功能而作简单的优劣判断。

同样，按照传统语法讲授的体系，分别以字词、词组（搭配）、短语（习语）、句（分句、长句）、段落（句群）、篇章（话语）等作为翻译单位，循序渐进开展翻译教学，也难以达到预期效果。首先，从词到篇的排列，反映的是语法结构由简单到复杂，而这并不意味翻译难度的逐步增加，也就是说，译词不见得比译词组容易，译篇也不见得比译句更难。在翻译生态系统中，从词到篇，或从篇到词，总是处于不断相互影响相互作用的状态，呈现出非线性排列的复杂性状态，形成一个统一的整体。不论以何种语法单位作为翻译单位的切入点，都只应看作是方便开展教学活动的权宜之计，难免带有一定的主观随意性。如果说上述语言单位的有规律排列对于单纯的外语教学还具有一定的科学性，但将其移植到跨语言、跨文化，甚至跨时空翻译生态系统，其合理性已很难保留下来。

如前所述，生态学的整体观不认为整体的功能等于各组成部分功能之和。当要素按照一定规律组织起来具有综合性的功能时，就会由于相互联系、相互作用而出现不同的功能，涌现出新的特质，这是各要素独立存在时所没有的。所以，从生态整体论的整体与部分的功能关系看，分别讲授词、词组（搭配）、短语（习语）、句（分句、长句）、段落、篇章等翻译单位的简单组合，不一定实现某一特定翻译活动的整体功能。像翻译这样的复杂活动，翻译的整体效果绝非所有以词句为单位的译文相加就能实现的。

翻译教学中的译文正误辨析常被认为是提高翻译水平的重要手段之一。通过正误对比分析确能让学生有所收获，因为它会使学生从自己或别人的失误中警醒。然而细思之下，这种警醒之后所提高的恐怕只是自身的外语水平，或扩大词汇量，或巩固语法知识，总之都只是有利于对原文的理解。如前所述，传统翻译教学观念多基于传统的语言语法教学体系，因此语言理解与表达方面的错误自然也成了翻译错误的主要讨论对象。教学双方津津乐道于误译和正译的对比分析，词义误解、习语误读、语法误析，包括文化失误，都是由外语水平不足所致，而与译文表达无关。也就是说，即使他不翻译，问题依然会在使用外语听说读写时表现出来，而所谓的译文充其量只是让这些问题通过双语对比更直接地暴露出来而已。不言而喻，这种误译分析是否能提高学生的翻译能力十分令人怀疑。

从整体的系统论观点看：翻译（语言）错误、翻译批评与译文整体风格、综合效果不一定存在线性因果关系。也就是说，一词一句的翻译可能做到语法准确、语义无误，但是如果将其置于整体翻译环境中，就会发现所谓错误要么无伤大雅，要么与翻译活动无关，我们也从未见到有人通过学习译文正误分析而真正提高了翻译过程中的语言转换能力。换句话说，翻译教学中教学双方尽可以对大家名译挑出诸多瑕疵败笔，对错误的译文进行修正改进，而我们的译文却难以在整体风格、综合效果上望其项背。正如有学者指出，"如果只要找出一定量的翻译错误就可以否定一位译者的话，则中国的翻译大师们可能无一幸免，而中国的翻译业也将会寸步难行，这是我们翻译界人，尤其是翻译批评界人值得特别警醒的"。当然，此言绝无意提倡不顾忠实的胡译乱译，而是意在表明如果把翻译错误定位于语言理解与表达的失误，那么译者尽管可以把每个词都译得准确得体，乃至字字珠玑，却不见得一定能合成一篇浑然一体的佳作。

其实，如果我们把错误分为二元性错误与非二元性错误，那么语言使用错误当属于前者，翻译错误则应属于后者，即非二元性错误。非二元性错误不是非对即错，而是不同选项相对而言得体程度不同而已。可见，二元性错误为语言能力不足所致，而翻译活动的前提是译者已具备足够的双语能力，否则翻译活动无从谈起。虽然双语能力尤其是外语能力的提高永无止境，但人类出于交际需要而进行翻译活动并不是以提高译者的语言能力为目标的。所以，翻译教学中由于双语语言能力不足所导致的原文理解错误，以及译语表达失误，都应视为非翻译过程错误。真正发生在翻译过程之中的所谓错误则关涉译者的选择问题，而这些选择受制于译者意识到或未意识到的多重因素，如译者的文化观、意识形态操控、翻译策略的选择等，呈现出非二元性。明确这种非二元性，就是承认翻译活动的创造性和人文性，才是提高翻译能力的关键。

"回译"也是一个必须反思的教学现象。即是将译文再译回原文语言，是一种常见的教学方法，可以用作译文质量检测、多种译文的比较和翻译教学的手段。有人认为回译与普通翻译除了方向相反以外，没有多大区别，其翻译策略可以多种多样，可以异化，也可以归化，视译者需要而定。“回译法”常用于母语译为外语的教学中，如教授汉译英时，在学生不知情的情况下，以某一英译汉译文作为汉译英的原文，再将学生回译的译文与最初的英语原文进行比较，以判断学生汉译英译文的优劣。

许多翻译教材采用回译法来剖析译文的语言风格与原文语言风格的忠实度，其做法虽有特色，结论却值得商榷。如果深信回译也能准确再现原语文本的语言风格，则“忽略了翻译学上一个起码的常识：被其用作例句的‘原译’中早已包含了原翻译主体对英语原文的主观理解，并已按汉语表达习惯进行了语际转换处理。而那些回译者（中国学生）却被要求以原译文作为新的源语文本进行再翻译，就意味着第一次翻译过程中为了克服两种异质语言间的差异所做的翻译变通全部都要抹去才行。”从这个意义上说，凡是能从译文回译成原文的译文都是值得商榷的。其实，著名翻译学家吉迪恩·图里早就指出翻译的不可逆性决定了回译的相关研究不可能具有信度；彼得·纽马克也认为回译法只适用于检验由直译法译出的译文的回译，对于词语差异明显的两种语言，回译法没有意义。因此，“回译”虽然能增加学习兴趣，但可能无助于真正提高学习者的翻译能力。

（二）基于生态翻译学的翻译教学模式的构建

随着经济和社会的发展，翻译市场日渐繁荣，对翻译人员的专业素质要求越来越高。因此，人们对翻译教学有了更深刻的理解和认识，翻译教学改革备受关注。以生态翻译学为参照，将整个翻译教学体系看作一个动态的发展过程，改善传统的翻译教学软环境，有利于为大学课堂中的翻译教学改革提出可行性策略，并改善翻译教学模式，提高学生的翻译技能和理论素养，为社会培养出适应市场化需求的实践型翻译人才。

1.“译者中心”对翻译教学原则的指导

生态翻译学强调：“在翻译操作的过程中，一切适应与选择行为都要由译者做出决定和实施操作。”这一观点将译者放在整个翻译生态环境的中心地位，认为译者在翻译行为中起着决定性的主导作用，并成为整个翻译实践活动的真正主宰者。传统的翻译教学更注重文本翻译，课堂讲授通常以教师为核心，学生被动地接受相关知识，居于从属地位，从而影响其翻译实践过程中的积极性和创造意识。

在“译者中心”原则的指导下，翻译课堂坚持以学生译者为中心的教学原则，鼓励学生自主选择感兴趣的翻译素材，摒弃教材中陈旧的材料或是被动接受教师选用的例子。以翻译实践为导向，要求学生通过个体研读、集体讨论的方式合作完成翻译任务，并通过相互合作与讨论完成对译作的分析和评价，通过小组讨论、小组互评推选出优秀译文在全班共享。教师仅是教学过程中的引导者，发挥启发和监控教学过程的作用。这一教学模式提倡把课堂交给学生，让学生变为教学过程中的主体和积极参与者，真正体现了生态翻译视角下的“译者中心”理念。通过完善学生和教师在教学活动中的身份和职能，既可以有效发挥教师的指导作用，又能充分提高和锻炼学生的积极性和创造意识。

2.“适应选择论”对改进翻译教学手段的指导

21 世纪初，胡庚申首次将达尔文进化论中的“自然选择”与“适者生存”原理应用于翻译研究，将翻译定义为“译者适应翻译生态环境的选择活动”，提出翻译适应选择论。具体表现在两个方面：一方面，翻译生态环境对译者实施选择，译者接受选择并积极适应，做出“选择性适应”；另一方面，译者又对翻译生态环境进一步适应并做出选择，实现译者的“适应性选择”。映射到翻译教学中，教师作为译者的身份出现，主动适应翻译教学生态环境并做出适应性选择。

“翻译生态环境”是翻译过程中所涉及的诸多要素构成的互联互动的整体。由此，翻译教学生态环境可理解为翻译教学过程中各个教学要件之间有机连接而成的动态系统，整个教学过程是教师多维适应与选择的过程，并促使各个教学要件适应学生的需求。

一方面，翻译教学过程的相关要件，如课程设置、授课对象、教学内容、难易程度以及使用教材等，对教师实施选择，选择具备相应职业素养、能够胜任翻译教学任务的合格教师。教师积极接受这一选择并努力提高自身专业水平，满足学生的学习需求，以充分适应翻译教学生态环境。

另一方面，在适应教学生态环境的基础上，教师为进一步提高教学水平，主动选择符合学生需求的教学模式：首先，基于问卷调查等方式了解学生需求，确立以学生需求为导向的教学理念；其次，根据学生需求调整课程设置方案，改进教学手段，改善传统翻译课堂上学生被动听讲、缺少师生互动、教学效果不显著的弊端，提高学生对翻译学习的热情，使学生真正学有所得。

3.“生态理性”对完善翻译考核评价体系的指导

“生态理性”讲求动态平衡、提倡多样统一、注重整体关联。这一系列理念对翻译教学测试与评估有积极的指导意义，在翻译教学考核评估方面要积极处理好这三方面关系。对学生的评价不能单纯以一次考试成绩作为最终考核依据，传统上以教师为唯一评价主体的考核方式亟须改变，需要有一套师生共同参与的形成性评价和终结性评价相结合的考核体系，关注学生学习的整个过程，在不同阶段制订形式多样、彼此关联的考核方式。可以开展教师评价、学生自评、学生互评和小组评价等，对学生的课堂活动参与情况及任务完成情况做出全面评价；还可以采用档案袋评价，如经典译作赏析或背诵档案袋，鼓励学生对学习过程、学习方法以及努力程度等进行持续性反思。学生的考勤也应成为形成性评价的一部分。这种形成性评价和终结性评价相结合的考核体系，充分体现了生态系统的多样统一、整体关联的观点，达到了翻译考核评价体系的和谐与平衡。

三、基于生态翻译学的高校英语翻译教学系统的等级与结构

生态学按照它对研究对象所作的等级分析，可分为个体生态、种群生态、群落生态和生态系统生态四个等级。由于教育生态系统的主体是人而不是一般的植物或动物，因此在分析教育教学生态系统时，通常将种群生态和群落生态统一称为群体生态，那么教育生态系统则划分为个体生态、群体生态和系统生态三个等级。据此，高校英语翻译教学生态系统的等级亦作此种划分。高校英语翻译教学生态系统的结构与其等级有联系，但观察的视角有所不同，它更注重其中的各种要素及要素间的相互关系和相互作用。

（一）高校英语翻译教学的个体生态

生态学对个体生态的研究主要是研究个体生物与所在环境之间的关系，特别是生物体对环境的适应情况。高校英语翻译教学生态关注教育过程中学生个体的存在状态和学生生命体的健康成长。在教学过程中，作为教学生态主体的学生有着不同的生理特征、心理特征、成长背景，也有着不同的知识结构、语言观、价值观、人生观和世界观，其本身就是一个相对独立的生态

系统。周遭环境（物理环境、社会环境和规范环境）对学生个体生态发挥的作用、产生的影响都不相同。个体生态的物理环境是学生所处的物理教学环境，主要指课堂环境和学习条件。

个体生态的社会环境更多地是指学生个体与其他个体（学生和教师）之间的关系及其对学生个体的影响。无论是主动或是被动，生态个体总会与其他个体形成某种关系并相互影响，相互作用，而且生态个体往往会把其他个体作为自己的一个镜像。生态个体的规范环境则既有外在的教学规范，如教学要求、学习要求、评估标准等，又有内在的师生教学理念和语言认知观。现代教育强调个性化的教学，对高校英语翻译教学的个体生态进行分析，有利于发掘不同学生个体的潜能、发展学生的个人才智。

（二）高校英语翻译教学的群体生态

生态学中的群体生态是指一定栖息地范围内同种或异种生物群体所处的环境状况。在高校英语翻译教学生态系统中，由不同的学生个体、教师个体组成为不同的教学群落，比如一个教学班级、一个教学小组。教学群体可以有正式的和非正式的，正式的群体具有较强的稳定性，最典型的正式教学群体是班级；非正式群体的流动性较强，群体的组成往往出于兴趣、情感或是完成某一教学任务，如学习小组、任务小组、兴趣小组等自然或半自然的群聚体。生态教育学中的群体性质不同于生态学上的物种内和物种间的关系，这是由于生态教育学的生态群体是由人组成，人除了自然性，更多的是社会性，因此群体生态包括群体内人与人之间的关系以及心理效应。教育者和教育管理者通常运用心理学中的群体动力学原理来研究人和群体的发展。

（三）高校英语翻译教学的系统生态

生态系统的生物成分有生产者（主要是绿色植物）、消费者（主要是动物和人）、分解者（主要是各种微生物）。生产者、消费者和分解者各司其职，保证生态系统内外物质流、能量流和信息流的顺利移动和交换，使系统处于动态平衡状态。高校英语翻译教学生态系统中也有生产者、消费者和分解者之分，但是在划分时不像生物生态系统中的生物功能划分得那样绝对和明晰。就一所高校而言，学校、院系、教师等都是物质、能量、信息的生产者，学生是消费者但同时又是分解者，学生通过消费、分解学校提供的资源，生成自身的知识、能力和素质，创造社会财富，也为高校提供生存、发展所需的物质、能力和信息，由此形成动态平衡的生态循环。我们在这里为分析方便，讲的只是一个比较直观的逻辑线路，实际上这个循环中的生产者、消费者、分解者的角色是辩证的，不是固定不变的。我们还可以从高校英语翻译教学过程来看这种辩证关系。教师开发教学资源、传授知识、引导学生学习和思考，由此看来，与其说教师在教学生态系统中是生产者，不如说教师是开发者；作为消费者的学生接受并内化从教师（开发者）那里获得的知识和技能，这就是对知识和信息的分解利用，同时学生也会发挥主观能动性，与教师共同开发教学资源，在这个层面，学生又成为教学生态系统的开发者；而教师通过教学和科研活动，其教学、专业能力获得提升，又成为教学生态系统的消费者和分解者。可以说，在高校英语翻译教学生态系统中，每个生物体的功能都是多元多维的。作为教学主体的学生和教师通过履行其职责，使物质流、能量流和信息流在教学系统内外循环和转移，保证教学生态系统的有序运行。

（四）高校英语翻译教学系统的结构

系统由部分或要素组成，但这些要素不是简单的拼凑，而是按照各要素相互之间的有机联系所构成。这种有机联系或者是要素间内在的、必然的联系，或者是外在的、人为形成的联系。正是这种要素间的有组织的有机联系构成了系统的结构。而物质、能量和信息就在这些相互联系的要素中按照特定的原理传递和交换；实现系统的有序运行和所企求的功能。因此，系统的结构就是指按照特定目的和要求，并遵循相应的客观规律，将相互联系、相互作用的各相关要素进行科学、合理组合的具体形式。高校英语翻译教学生态系统的各个部分、各个要素大体包括：国家和社会提供的教育资源，国家和地方教育法规、政策、制度、措施，高校外部环境、条件和内部环境、条件、制度及教学管理组织、教师、学生等，社会、地区、学校、师生的心理情感等。在这个基础上，再将这些要素按照国家和地方对高等教育人才培养的要求，特别是对人才英语水平和能力的要求，以及高等教育和外语教学的客观规律、运动机理，加以科学、合理的组合，就形成了高校英语翻译教学生态系统的特定结构。

第三节　英语“3+6”生态课堂翻译教学模式构建

一、高校英语“3+6”生态课堂翻译教学模式简介

“3+6”生态英语翻译教学模式，首先关注的是课堂中的人，即教师与学生和环境（教师与学生所存在的场所）之间动态的、平衡的、良性的互动和发展。其次，在这一美好的状态下，教师指导形成学习的共同体即学生，以生为本，促进学生个性的发展。学生自觉、自主、合作探究，语言技能得到提高，思维能力得以训练，实现有效课堂教学的目的，同时注重强调学习的效度和效果。最后，在学生自学、生生互学、教师引导学生学习的路径中，在培养学生的思辨意识和良好的英语思维品质的同时也要关注学生的主体地位，他们自觉积极参与才是正道。培养、凝聚师生、生生的团队协作精神，以此来提高学生综合素养，完善学生全面发展与教师职业生涯前景，真正促进教师和学生共同的可持续性发展。

（一）高校英语“3+6”生态课堂教学模式的具体体现

“3+6”即“自学、互学、导学”和“六个教学环节”。

1. 自学、互学、导学

实践证明，这种以自学、互学、导学的方式互为补充，达到了生态教学所倡导的轻松、愉悦和高效的学习效果。首先，教师引导学生发现问题，自主探索，然后学生与学生、小组与小组合作讨论，分析问题的原因，研究问题的策略。然后，各小组成员与其他的同学分享研讨的结果。最后，教师用随堂练习加深和巩固学生当堂课所学。当然，在一定的时间限定中学生完成练习并进行自我评定，之后便是学生的自我反思和教学反馈了。事实证明，这样的一个学习过程一方面与学生认知发展是契合的，一方面也充分体现了新课程标准对于学习方式的要求。

2. 六个教学环节

一是学生自学。根据实际教学情况，各个备课组分组讨论，整理、编制“导学案”供学生课前自学使用。在“导学案”中，教师需要从基本知识、基本技能、

情感态度及价值观等维度阐释在课堂学生要做到哪些。在学生明确了自己的学习目标后，学生独立思考的习惯需要得到锻造，同时有必要对存疑的问题和重点、难点加以标记。学会做笔记或者是养成做笔记的习惯也是学生自学的基础条件之一。

二是生生合作。在学生完成自主学习后，教师可以请学生对“导学案”中整理的知识点进行反馈，在小组内可以开展一定有助益的研讨。这样，某些学生不会的难点、疑点通过小组讨论就可以解决，而且组员同心协力，可以共同促进成长。当然合作的方式、形式可以是多种多样的，可以师生互动、生生合作、组组良性竞争。

三是成果分享。学生之间的成果分享实则是教师和学生的课堂教学效果的重要体现。通过展开所有学生参与的讨论和发言，归纳整理大家的想法和思路，学生和教师都能实现更高层次的交流和理论的提炼。在师生互动、生生合作、组组竞争的动态环境中，学生表达自我、展现自我；教师答疑解惑，实现了课堂教学的互动性、整体性和共生性。另外，学生和教师可以通过游戏、情景剧表演、采访、组间竞赛等方式来分享成果，形成多样化、良性的碰撞。

四是随堂巩固。通过随堂巩固限时训练，学生可以了解自己对在课堂上所学的知识的掌握情况；通过总结、归纳，学生对当天所学的知识可以形成一个小小的知识链，将有利于学生整体知识系统的产生。在实践中，教师可以更加了解学生的学习效果和学习的困难和问题等，有利于教师及时小结、反思教学方法，研究相应对的教学策略，从实质上帮助学生学习。

五是随堂测试。结合当天所学的内容，学生接受当堂测试，随后由学生和学生互批互改，做到不留问题在课堂上。当然，测试的内容及题型的设置都对教师的教学研究能力提出较高要求，因为测试卷应当涵盖当天所学的全部知识点，这样才能使课堂保持完整性。此外，题型设置和难度处理也应分层设置。最后，在当堂课对测试或练习的结果进行反馈是必要的，这样教师和学生才能掌握自己教和学的情况，为下一节课的学习做准备。

六是评价和反思。在这一步中，既有学生对自己学习知识的理解程度、掌握深度和运用能力的层面，也蕴含学生对于自身学习态度、情感及价值观念的权衡和完善。相应地，教师也要接受学生的反馈，并进行教学反思，还可以撰写教学心得和相关的论文。这样既可以促进教师自身的教育、教学能力的进步，也有助于教师的理论研究学习与长足发展。

（二）高校英语“3+6”生态课堂翻译教学的准备

在教学活动开始前，学生和教师都应做好多方面的准备。在上课过程中，教师的重要职责是面向全体学习者，尊重每一个个体，激发他们的主观能动性和自主学习的潜能，使每一个人在课堂上动起来、活跃起来；学生完成好每节课的教学内容、每一天的学习目标，每一周实现小小的进步，每一月形成知识的小系统，养成良好的学习习惯，敢于面对学生之间的良性的竞争，共同进步成长。在此过程中，教师不仅要鼓励学生超越自我，还要对学生正面地进行心理暗示，即在任何情况下都要激励学生，可以是语言上的，也可以透过身势语等方式传递给学生，这样学生才会更积极参与课堂。

英语“3+6”生态教学的教学的评价标准：教学前教师为教学是否做好准备；学生与教师的关系怎么样；所选用的教学素材是否丰富多彩；教学过程中效果如何，课堂氛围是积极主动还是沉闷无趣；教师的教学过程是否流畅，教学内容和活动的设计是否科学合理、引导得当、游刃有余且生生平等。

英语“3+6”生态教学教学模式要求教师做到：意识到不同年级的学生对于知识的认知差异性；熟悉教材的编写及为什么编者要编写那部分内容；了解不同课型的教学目标是不同的；通过备课组讨论适合的教学途径和方法，并要求学生和自己都真正做到落到实处；把握课堂模式的理念基础，落实新研发的方式与传统教学的方式的差异所在。

另外，在常态课教学管理中，教师和学生处于不同的位置，而且要突出学生的自主学习。教师有时候组织活动，有时参与小组讨论、答疑和引导学生完成学习任务和目标，引导学生探索、发现知识以及知识链的内在联系和影响。学生的主体作用也是十分关键的。我们倡导在和谐的学习氛围下，教育者安排小团体活动，侧重学生的亲身经历，使他们在其中活跃起来，一起实施诸如调查和科学探索之类的运作。同时，对于知识性的东西不仅要关注其横向的特征也要强调问题的深刻性，这无疑影响学生的思维能力。在进行师生和生生评价时始终保持激励机制，这样就可以调动学生的参与度，同时使课堂活动和各个环节具备实践意义和持续性。评价也不应该是单一的以学习成绩为唯一的尺度，进行班级过程管理和学习成绩的两个方面综合评价是有必要的。

二、高校英语“3+6”生态课堂翻译教学模式的原则

（一）生态性原则

生态性原则是指从生态的角度，运用生态学的研究方法，观察分析和解决高校英语翻译教学中存在的问题。高校英语翻译教学是生态化语言教学理论下各生态因子间实现信息传递的过程，存在的问题就是生态模式中的结构和功能方面的问题。所以，在研究高校英语“3+6”生态课堂翻译教学模式中，就必须坚持生态性原则，站在生态化环境的背景下，运用生态学的研究方法，通过课堂观察、教学实践等方法实现构建生态教学的目标。即通过搭建和谐和自由的英语教学环境，一方面加强学生对语言的认知和对知识的获取，另一方面实现学生的语言智慧和语言文化的全面发展。

（二）人本性原则

高校英语“3+6”生态课堂翻译教学模式，还要坚持以人为本的人本性原则，要形成学习上以学生为中心，教授上以教师为中心的和谐师生关系，实现教师和学生的共同价值追求。一是要注重学生在语言文化和个人素质上的全面培养，既要加强学生的语言文化素养，也要让学生形成健康向上的品格；二是要加强教师的专业性培养，优化语言的教学环境，改进教学内容和方法，鼓励个性化教学；三是要围绕教师这个教授中心，提升教师的语言知识和文化知识，发挥教师在教学中生产者和启发者等角色作用。

三、高校英语“3+6”生态课堂翻译教学模式的设计

目前的高校英语翻译教学课堂生态系统出现严重失衡，教材陈旧、教案经年不变、学生缺乏互动等问题非常突出，这些都需要重新建构英语翻译教学的模式。我们要对行为主义、认知主义和建构主义进行整合，借鉴生态学理论，构建起高校英语“3+6”生态课堂翻译教学模式。

（一）高校英语“3+6”生态课堂翻译教学的目标

高校英语“3+6”生态课堂翻译教学的目标是实现学生的可持续发展。可持续发展不仅是一种状态，也是一种产生和流动的过程，可持续发展应该

是健康的、和谐的。在教育生态学视角下，教师应该重视保护学生自身的特点，珍惜学生的创意和幻想，鼓励学生进步，宽容学生的错误，耐心解答学生的困惑和误解。另外，教师要明白每个学生都有自己的独特性，了解每个学生都有自己的优点和缺点以及不同的英语学习风格，因此不要用同样的标准来评判所有的学生。此外，不管是成绩好的学生还是成绩不好的学生，教师都要给他们提供相同的机会。此外，教师也要重视学生的动态发展。实际上，学生的学习过程是流动的、变化的和更新的。鉴于此，教师应该避免设定预期的目标来约束和限制学生的自然发展。所有的高校英语翻译教学活动都应结合学生的生活与成长的需要，而不是关注学生当前的成绩。教师应该认识到学生具有不同的生活经历与知识结构，要重视学生对知识渴求的本能和对创造力的渴望，让学生感受到生命的力量和存在的价值。高校英语“3+6”生态课堂翻译教学注重教育学生主动探索外部环境，不断完善自我认知，不仅追求学生的习得知识和技能，还要尊重学生的自主权，也就是增强学生探索世界的能力。

目前，高校英语翻译教学不再是学生被动地接受知识的“填鸭式”教学模式。教师应该创造一种教学环境来引导学生参与教学过程，激发学生的学习热情，提高学生的学习效率与运用学习的知识。高校英语翻译教学模式应该是从以教师为导向的方式转变为以学生为导向，教师应该鼓励学生发挥主观能动性，培养学生独立学习的技能。

（二）高校英语“3+6”生态课堂翻译教学的内容

高校英语“3+6”生态课堂翻译教学的内容首先包括确立生态教学的目标。高校英语生态翻译教学应打破应试教育对学生的束缚，积极引导学生参与到英语实践中来，在课堂上尽可能地让学生展示自己，激发学生的学习兴趣。

高校英语“3+6”生态课堂翻译教学的目标建设的另一个重要考虑因素是教学的内容。教学内容设计的核心是促进学生个人能力全面健康地发展，实现学生的可持续发展，充分挖掘学生的潜力。教学内容包括语言知识和文化知识。英语作为文化和信息传播的载体，可以被视为一种跨学科的语言，包括自然科学、社会科学等。高校英语生态翻译教学内容要注意加入西方的文化和习俗，在讲解西方文化的同时，适当增加一些相关的当地文化，促进中外文化之间的交流与发展。除此之外，教学的内容还应该包括英语语言知识，培养学生的语言沟通能力。教师要打破课堂教学的空间局限性，让英语学习变成开放性的生态系统。课堂应该延伸到社会，重视课余学习与课外活动之间的联系，使用英语与外部社会的展开互动。此外，学校要结合教学内容和学生兴趣积极开展各项英语教学活动，包括英语歌曲、英剧、英语辩论和英语演讲等，加强学生综合素质的提高。

（三）高校英语“3+6”生态课堂翻译教学的环境

课堂作为主要教学场所，极大地影响着英语教学的质量。构建生态教学的课堂环境有利于提高高校英语的教学质量。首先，高校要对教室的环境进行优化。英语教学的过程中需要学生高度集中注意力并积极参与，噪音不仅会分散学生的注意力，而且也会引发学生的心理焦虑。因此要让学生处于一个比较安静的教学环境中。高校应该在最大程度上减少噪音，为学生创造一个安静的教学环境。此外，生态教学课堂应该具有良好的教学氛围。在英语教学过程中，学生不仅要在教师的指导下学习，还要从环境中学习。课堂的美化会对学生的英语学习产生微妙的影响。一个愉快的教学氛围与美化的教学环境将有利于学生学习效率的提高。研究表明，教室的颜色对教学活动产生明显的影响。例如，浅色可以消除大脑疲劳，提高学生的学习效率，而暗色会引起学生的兴奋和焦虑，所以在布置上要结合教室发挥的不同作用使用不同的颜色。其次，要合理安排教师与学生的位置，方便学生与教师之间进行多向沟通。师生之间只有进行积极的交流与互动才能提高教学效果。例如，传统的教室座位安排都是以教师为中心，并不利于师生以及学生与学生之间的多向交流，教室要使用可移动的桌子和椅子，结合教学活动来安排座位。在开展讨论或一些互动活动时，教师应采用圆形、椭圆形的方式来安排座位，它缩短了师生之间的距离，方便师生之间的交流。最后，应该控制英语教学班级的规模，以创造良好的教学环境。当前，我国一些高校英语班的规模很大，一个班有一百多名学生，严重地影响了师生之间的交流。尽管班级规模的扩大会提高学校的经济效益，但是过大的规模会给英语教学带来负面影响，特别是影响了学生学习的态度和积极性。实际上，小规模的班级比大规模班级能提供更大的情感体验，学生也会有更强的学习动力和学习兴趣。因此，采用英语授课的班级人数应该控制在 30 人左右，以创造有序的、充满活力的英语教学的生态教学环境。

（四）高校英语“3+6”生态课堂翻译教学的评价体系

一个科学合理的评价体系有利于教学目标的实现与教学活动的顺利进行。然而，大多数高校英语翻译教学仍采用传统的、单一的教学评价体系。高校英语生态翻译教学评价体系的内容是形成性评价和总结评价。形成性评价强调对学生学习过程的评价，并结合学生的反馈来诊断教学问题，注重学生的潜力开发与综合能力的发展。英语“3+6”生态课堂翻译教学评价体系不仅包括对学生认知能力的评价，还包括对学生的情感和实践能力的评价。因此，形成性评价可以为学生提供更多的发展，有利于学生综合能力的提高，如听、说、读、写等能力。高校英语生态翻译教学评价体系应以学生实际使用英语知识的能力为中心，包括如下内容：首先是成绩测试与水平考试，考查学生的英语水平，发挥他们在课堂上的主动性。成绩测试考查学生对教材的掌握程度，而水平考试则可以考查学生使用英语的不同水平。其次是构建弹性教学系统。学校要允许不同专业的学生制订个性化的学习计划。弹性教学体系提倡非标准评价，实际上是面向过程的评估。最后是全方位地对学生进行测试。教师可保留学生入学时的英语成绩与每日作业、单元测验等成绩，对学生的英语学习进行定期总结和评估。

第四节　生态翻译学视角下跨文化翻译的译者问题研究

生态翻译学重视译者，这不单单因为生态翻译学是在翻译适应选择论基础上发展起来的，而是作为生态翻译学的中观和微观研究，翻译适应选择论倡导了翻译过程中的“译者中心”理念；更重要的是，生态翻译学研究对象之一，就是探讨译者与翻译生态环境之间的关系问题。事实上，关注译者“生存”境遇和能力发展，也是生态翻译学“三生”（翻译生态、文本生态和“翻译群落”生态）主题之一。

因此，本节所探讨的从翻译过程的“译者中心”到翻译伦理的“译者责任”，也是对生态翻译学译者观的集中阐述。

一、翻译过程中的“译者中心”

这里提出的“译者中心”理念，从“翻译链”的角度来看，指的既不是“译事前”的翻译准备阶段，也不是“译事后”的翻译效果阶段，而是“译事中”的翻译行为阶段。

正是由于“译者中心”理念主要取向于“译事中”的翻译行为，因此，从翻译层次的角度来看，“译者中心”的取向是“翻译过程”“翻译操作”，或者说，指的是“译者的选择性适应和适应性选择”活动。在这样的前提下，只要谈的是翻译活动本身，只要论及的是通过译者行为产生译本的问题，译者在这一过程中就一定是“中心”，就一定起着“主导”作用；否则，那就不是翻译行为了，就另当别论了。

没有沿用译者“主体性”的术语而使用了译者“中心”地位和“主导”作用的表述，主要考虑是：除了对翻译主体性的界定迄今尚有分歧之外；同时也因为即使译者具有主体性，也不表明译者一定处于“中心”地位和具有“主导”作用之外，还因为在“译事中”的翻译行为中，不存在“主体间性”的问题。只是到了谈及“译事前”的翻译准备阶段和“译事后”的翻译效果阶段，才会涉及“创作主体”或“接受主体”的问题，即才会涉及“主体间性”的问题。显而易见的是，一旦涉及“主体间性”的问题时，所谈论的议题，事实上已经不是“译事中”的翻译行为问题了，而可能已经是“文学创作”的问题或“接受文化”的问题了。翻译活动的主体只有译者；“主体间性”问题的争议是在没有区分翻译阶段的前提下的一个“误区”。

（一）“译者中心”理念与相关领域研究

有这样一种顾虑：如果以“译者为中心”，译者会不会“越位”，而在与翻译相关的其他研究领域中也充当“中心”？

与翻译相关的其他研究领域很多，如研究翻译对于目的语的文化、文学、社会、传播，以及对读者所造成影响等。

这类与翻译相关的“文化”“文学”“社会”等问题的研究，所涉及的是翻译之后的“效果”“效应”“传播”或“影响”问题，其实质已经超出了或者已经不再是“翻译本体”或“译事中”的研究范围了，而是“译事后”的议题了。其中的理由是，虽然这类议题仍与翻译过程和翻译行为有密切的关系，但其重点实际上已经成为“文化”“文学”或“传播”“社会”等方面的研究了（而文化学、文学、传播学、社会学等自身都是独立的学科领域）。这个时候，随着研究主题的变化并转移到“文化研究”“文学研究”“传播研究”或“社会研究”等方面，对其评判的标准也相应地发生了变化，已经不再是翻译的范围或翻译的评判标准了，而成了文化学研究、文学研究、传播学研究或社会学研究的范围和评判标准了。在这样的前提之下，在讨论的议题重点转移到“译事后”的“接受文化”“翻译文学”“传播问题”或“社会问题”等研究之后，人们一般又都会以文化学的、文学的、传播学的或社会学的眼光和评判标准去审视翻译、分析译本、议论译者，这时的译者当然就不是“中心”了，译者当然就不能“主导”了。

与翻译相关的其他研究领域还包括研究原著、原作者、阅读原著等。

同样的道理，在原著问世之前，它的命运是由作者主导的，作者是主体，作品是作家写作活动的产物，其研究的重点是在“创作”过程中出现的问题。虽然这时的创作也与翻译有关联，但它显然不是翻译行为，不是翻译活动，我们称之为“译事前”的议题。可见，“译者中心”的指向通常也不是“译事前”。

很显然，如果“译者中心”指的既不是“译事前”，又不是“译事后”，那就只有“译事中”了。因此，只要是我们淡及的是翻译过程问题，是翻译行为问题，是翻译操作问题，那么，译者的“主导”作用便理所当然，译者的“中心”地位便不能否认。而对于其他与翻译有关联的研究而言，如上述当重点研究转移到“文化”“社会”“传播”或“创作”“阅读”等等的时候，这些研究领域都有其各自的范围和重点，它们虽然与翻译行为或翻译过程有着相当程度的联系，但翻译行为研究和翻译本体研究的指向显然已经不是它们研究的重点了。这就说明，以“译者为中心”除了在翻译过程、翻译行为、翻译操作、翻译活动之外，并不意味着译者就成了一切，更不意味着在一切与翻译相关的研究里都是以“译者为中心”。

（二）“译者中心”理念与译者制约

有这样一种担心：如果以“译者为中心”，译者会不会“自主权”过大，导致“失控”，甚至，译者可以天马行空、独往独来？

这样的担心较为普遍，也颇为自然，但却大可不必。我们有理由相信，“译者中心”不会导致译者“失控”。原因是，有一种制约译者的“机制”在起作用，即“适者生存”“事后追惩”。

译者要生存、要发展，就要把翻译搞好，搞好翻译的基础是译者的翻译能力。译者的翻译与译者生存之间的关系是：

翻译生存 → 译者发展 → 译者能力 → 译者成功

这就是说，译者只有生存才能发展，译者要发展就须具有翻译能力，具有能力的译者才能产生佳译、使翻译成功。反之亦然：

翻译成功 → 译者能力 → 译者发展 → 译者生存

以上关系的含义是：成功的翻译取决于译者的能力，译者的能力有赖于译者发展，译者的发展又基于译者的生存。而“适者生存”“事后追惩”的法则无形中就是对译者翻译行为的制约。

应该说，有没有翻译生态环境对译者的选择最后再做出选择和仲裁，这一点对实施“译者中心”翻译理念来说，不仅密切相关，而且非常重要。原因是，倡导“译者中心”翻译理念之后，译者的智力劳动和主观创造性会受到肯定，译者的“自主权”会进一步加大，但是相应地，译者的“责任”也就更大了。于是，译者不仅需要“自重”，还需要“自律”，特别是需要“他律”。可见，对译者的相应“制约”机制也就很有必要了。翻译适应选择论强调的译者制约机制，重在“事后追惩”，而这种情形在翻译活动中的表现是相当普遍的。

如图 6-1 所示，可以看出译者会受到翻译生态环境选择和制约的基本思想。“适者生存”的法则对于译者的翻译行为来说是一个“紧箍咒”。或者说，译者的生存境遇会受到“适者生存”的法则，即“翻译生态环境”的选择和制约。而这一点也正是在其他翻译理论体系中所缺失的。

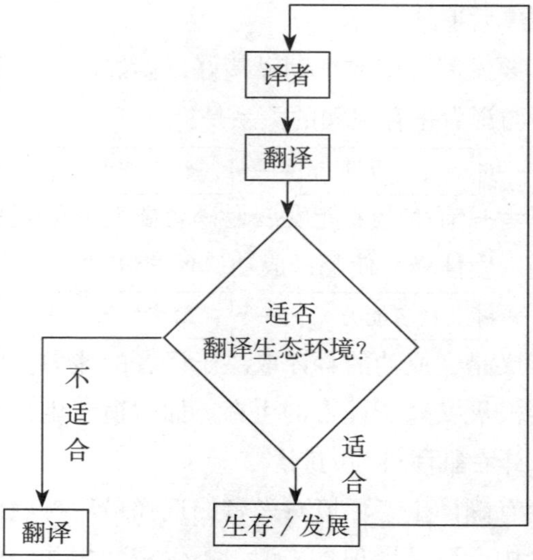

图 6-1　译者翻译与译者生存 / 发展之间关系示意图

（三）“译者中心”理念与文本研究

有这样一种认识：如果强调“译者中心”，人们便会不重视“文本”了。

这就好像二元对立的“冷战”思维，已形成了习惯性的“非此即彼”，把重“译者”和重“文本”对立起来，一谈“重”译者就必然“轻”文本。这里面也有一个小小的“误区”，即没有看到，重视译者本身，其实就蕴涵着重视译者翻译文本的能力，因为重视译者是以重视和提高译文整体质量为前提的。事实上，“译者中心”理念的提出，很重要的一点，就是强调提高文本质量必须依赖译者的能力及其创造性的劳动；反过来也是一样，译者也只有凭借其成功的文本翻译，才能真正配得上其享有的“中心”地位。重视译者，发展译者，发挥译者潜力，支撑译者的创造性劳动，这是“译者中心”理念的目的所在。而只有真正尊重译者，提高译者，造就译者，有成就的译者也才会越来越多。

在中国，百年来“信、达、雅”的所指是“文”而不是“人”；几十年来“神似”“形似”“化境”的取向也都是“文”而不是“人”。在这些译论理念中，或在关于翻译的定义中，对译者的忽略和遮蔽是显而易见的。这种情况在中西翻译理论中都是普遍存在的。反思“原文中心”“译文中心”的研究和发展，可以说，“译者中心”是总结“原文中心”“译文中心”经验教训的一种改进，是对只见“文”而不见“人”的偏颇译论研究的一种修正。长期以来，只见静态的“文”而不见动态的“人”的结果，难免导致译者的地位低下；难免以“文”治“人”，致使译者沦为“仆人”和“奴牌”，译者也只好戴着“枷锁”“镣铐”跳舞。事实上，译者用自己的智力劳动，创造性地生产出了译品，就是以“译者为中心”生产出来的译品，虽然译者不是原作品的主人，但译者分明在以“主人”的身份做翻译。

翻译理论研究的焦点历经了由原文 / 译文“两端”到译者“中心”，由“静态的”文本到“能动的”译者，从“怎样译”到“谁在译”的不断发展过程。这其中，没有“两端”就没有“中心”，没有“静态的”文本就难以体现“能动的”译者；没有“怎样译”，回归到“谁在译”也就失去了意义。

“译者中心”的翻译理念，实际上意味着对译者提出了更高的要求。从一定意义上讲，它是从注重具体的语言文字为主，转移到开发译者的整体能力为主上来，这样会使译者重新看到自身的价值才能。同时，提高译文质量，培养翻译人才，将越来越依靠发展译者自身的知识、智力、技能和创造精神和创造能力，也越来越转向提升译者自身的技能，发掘和开发译者的翻译潜能。这才是译者真正的解放，是译学发展的根本所在。

因此，从这个视角来看，我们提出的翻译过程、翻译行为中的“译者中心”的理念，不仅不是对“文本”的否定或轻视，而恰恰是从“人”的视角，即从“译者”的视角去审视文本和最终优化文本的根本途径。

（四）“译者中心”理念与生态译学研究

有一种质问：翻译生态环境中的译者真的是“中心”吗？

首先应该指出，我们从来没有“在翻译生态环境中的译者是‘中心’”这样的表述。这是一种误读。

质疑“译者中心”的理据之一还提到了生态学研究中的“人类中心主义”。应该说，翻译过程中的“译者中心”理念与生态学研究中的“人类中心主义”是两码事，有着完全不同的概念与内涵。

所谓“人类中心主义”，是要把人类的利益作为价值原点和道德评价的依据，而且只有人类才是价值判断的主体。“人类中心主义”的具体内容包括：（1）在人与自然的价值关系中，只有拥有意识的人类才是主体，自然是客体。价值评价的尺度必须掌握和始终掌握在人类的手中，任何时候说到“价值”都是指“对于人的意义”。（2）在人与自然的伦理关系中，应当贯彻人是目的的思想。（3）人类的一切活动都是为了满足自己的生存和发展的需要，不能达到这一目的的活动是没有任何意义的，因此一切应当以人类的利益为出发点和归宿点。（4）生态“人类中心主义”则是20世纪特别是当代以来生态危机日趋严重的情况下人类重审自身在宇宙中的地位、重审人与自然关系的结果。其核心论点就是主张在人与自然的相互作用中应将人类的利益置于首要的地位，人类的利益应该成为人类处理自身与外部生态环境关系的根本价值尺度。

而翻译过程中的“译者中心”理念，主要是彰显译者在翻译过程中的“主导”作用，具体是指译者在翻译过程中首先要“适应”翻译生态环境，然后依据翻译生态环境决定对译文的“选择”，即包括翻译过程中“选择性适应”与“适应性选择”等在内的翻译活动中的一切翻译行为都是由译者判断和决定的。这就是“译者中心”的核心观点和原意。

在一个相当长的时期里，翻译研究是以“原文为中心”和“译文为中心”的。我们提出“译者为中心”，一方面这在翻译过程中是符合实际的；另一方面，“译者中心”对于“原文中心”和“译文中心”来说也是一种“平衡”、一种“解构”，或者说是一种“反拨”。“译者中心”的提出，突破了“原文中心”和“译文中心”的两个极端，通过“多中心”向“无中心”过渡，旨在形成译论研究生态的多元、共生的“共同体”，以求得翻译研究生态的整体协调与平衡。

翻译有翻译的规律，翻译研究有翻译研究理路。我们是运用生态理性、从生态视角探讨翻译问题的，不能把生态学的研究内容简单地、机械地照搬套用到翻译学研究里来。

可以这么说，“译者中心”“译者主导”翻译理念的提出，有助于使翻译学中译者研究的“研究半径”得到延伸，并使其理论层次有所提升；同时，对译者的自重、自律以及自身素质的提高也有促进作用。鉴于如何描述和解释译者在翻译过程中所扮演的角色是翻译理论的根本问题之一，对“译者主体”特征的解析、对“译者中心”理念的论证、对“译者制约”机制的揭示，以及对“译者素质”评价模型的建构等，都应当是有意义的译者研究的选题。

归根结底，译者是翻译过程中一切“矛盾”的总和。“译者中心”“译者主导”的翻译理念把活生生的、感性的、富有创造性的译者推向译论的前台，使翻译理论建立在真实的、具体的译者基础之上。这种取向于译者、关于译者能力发展的翻译理论，其优越性也将会日益彰显。

二、翻译伦理中的“译者责任”

翻译行为、翻译过程中的“译者中心”理念正在走向成熟，也正在经历着时间和实践的考验。“译者中心”理念的发展体现在两个层面上：一个是在微观操作层面、在翻译过程中的“译者主导”；另一个是在宏观理性层面、在翻译伦理层面的“译者责任”。

“译者责任”主要指译者在整体翻译活动中要负起“责任”。这里的“译者责任”，主要是从宏观层面、生态理性层面，特别是翻译伦理层面提出来的。

从生态翻译学的视角来看，尽管译者是“翻译群落”中的一员，与“翻译群落”中的其他成员是一种“平等对话”的关系，但其他成员不直接参与翻译过程，不具体实施翻译行为。因此，只有作为“翻译群落”代表的译者，才能够具体负责统筹协调“翻译环境”（译境）、“翻译文本”（译本）、“翻译群落”（译者行为）三者之间的相互关系，从而通过“译者责任”来体现“境、本、人”关联互动、平衡和谐的翻译生态整体观。从这个意义上我们可以说，翻译过程中的“译者中心”“译者主导”又只是“译者责任”的生态翻译伦理原则在翻译过程、译者行为方面的一种体现。

在“翻译群落”生态系统中，译者有责任协调各方关系、践行生态理性、保持生态平衡、维护生态和谐。译者有责任适应生态环境、培育译语生态、关注译品的接受与传播，力求译品能够“生存”“长存”。换句话说，译者正是通过“译者责任”的伦理原则来体现翻译生态体系中各个生态系统平衡和谐的翻译生态整体观。也可以这么说，译者只有通过对包括翻译文本、“翻译群落”和翻译生态环境在内的一切“他者”承担责任，从生态整体主义和生态理性的视角审视自己与一切“他者”的关系，才能将一种更大的责任意识融入翻译活动之中。

三、译者对翻译生态环境的适应与构建

译者与翻译生态环境的关系，主要集中在翻译生态环境对译者的生态作用、译者对翻译生态环境的适应与选择，以及译者对翻译生态环境的改造与

重构作用等几个方面。

第一，译者的生存与发展与其所处翻译生态环境发生密切关系。译者的生存与发展一刻也离不开其所处的翻译生态环境。译者要从生态翻译环境中取得其所需要的一切，包括“原文、原语和译语所呈现的世界，即语言、交际、文化、社会，以及作者、读者、委托者等互联互动的整体”。这可称为翻译生态环境对译者的“生态作用”。

第二，翻译生态环境的变化必然影响与其关系密切的译者。具体来说，翻译生态环境变化，译者在产生译文过程中必然会在词汇、句式、语篇、语用、风格、文化、交际等不同层面上反映出来，即翻译生态环境的变化必然影响和限制翻译策略的选择；或者说，翻译策略的选择必然要随动于翻译生态环境的变化。接受这种影响和限制，可称为译者的“生态适应”。

第三，译者对翻译生态环境的改造与重构作用也是巨大的。一个成功的译者会重视“生态作用”，接受“生态适应”，进而能动地在不同的翻译生态环境中选择不同的翻译策略和标准来实现自己的翻译目的。同时，译者又在翻译生态系统的适应与选择过程中，创造出各种各样的翻译策略和技巧，形成丰富多彩的真知灼见，进而能动地调节、操纵、建构和促进生态翻译环境的变化。换句话说，一切为译者生存与发展所利用的信息、人员、能量、时间、空间，都可以视为译者和翻译生态资源。从这个意义上说，翻译的实质就是译者对翻译生态资源的利用、评价、分配、储存、加工、支配和再生的过程；其目的在于尽量保持原文生态与译文生态的协调与平衡，并通过译者的努力和译品的功能实现“译有所为”。

在翻译适应选择论基础上发展起来的生态翻译学，就是要研究译者对翻译生态环境的适应力与选择力、操纵力和调节力；就是要研究特定翻译生态环境影响下的译者能力、翻译行为，以及翻译效果问题。

四、译者的生存境遇与能力发展

生存与发展问题是人的生命存在的永恒主题。人的生命是一种历史的和有意义的生命存在，是在发展中得到展示和实现的生命存在，人的生命的本真意义在于谋求发展。

在哲学的视域下和全球化的背景下探讨译者的生存境遇，既能够探究译者生存境遇的变迁，亦能从译者的生存境遇和能力发展中反观翻译学的发展及其丰富的历史内涵。

处在从传统向现代、从本土化向全球化的转变中，当代译者是一个自主、自立、自强、自律的独立社会历史主体。译者依靠自己的能力和奋斗去获得生存和发展，去开拓自己的生存空间和实现自身的价值；译者的价值观念和审美情趣在不断更新，思维方式由封闭型转向开放型、从单一性转到多样性、由静态转向动态；伴随着翻译学独立学科地位的确立，“翻译群落”的主体意识也明显增强，交往的平台更加广阔。

生态翻译学的研究内容之一就是探讨译者与翻译生态环境之间的关系，其中包括以译者为视角综观翻译。不但研究译者如何在翻译过程中理解“原文”和如何表达“译文”，而且还要研究译者的努力奋斗、译者的能力发挥和译者的业绩贡献；研究译者的生存境遇、译者的解放、译者的发展、译者的自由、译者的权利、译者的价值、译者的个性和译者主体性；研究译者所处时代的生存体验、人生感悟、译论取向、审美情趣；研究译者如何在翻译活动创造性劳动中成为自己和确立自己，以及研究如何克服和解决译者发展过程中出现的种种矛盾和问题，等等。这些研究的结果，实质上就是译者主体性的具体体现。译者凭其最大能力求得生存、求得发展，并获得“选择”的自由，从而确保其在翻译活动中、在翻译过程中的“中心”地位。

第五节　优化生态翻译教学的策略

一、以人为本，观念先行

“以人为本”就是要以“人”为出发点和归宿点，是人的自然、社会和精神等方面的辩证统一。教学中的“以人为本”强调的就是“以学生为本”，一切为了学生的全面发展而服务。大学英语作为一门兼具工具性和人文性的课程，在其教学过程中尤其要树立“以学生为本”的思想，也就是说要“以学生为中心”和“实现学生的可持续发展”。

（一）树立“以学生为中心”的思想

高校生态翻译教学坚持“以学生为中心”，首先要使学生处于整个教学结构的中心，在教师、学生、信息技术、教学活动等生态因子中确立学生的中心地位，各因子都要为学生的学习和全面发展服务。教学目标、教学要求等的制订要以学生为出发点，同时要形成开放、灵活的体系，具体的目标和要求不能一成不变，要随着学生的发展变化做出相应的调整；教师不管是在课前备课、课上组织还是课后反思中都要心中有学生，教学内容的选择、教学活动的组织和教学方法的采用都要以学生的需要和实际情况为出发点。

“以学生为中心”还体现在学生的主体地位上。我国大学英语翻译传统的教学模式形成了教师一言堂、满堂灌的现象，是“以教师为中心”的教学，学生处于从属或边缘化的状态，无法进行自主性的学习，更不用说其主体地位的确立。然而英语翻译作为一门实践性的学科，要求学生的听、说、读、写能力协同发展，要求增强学生英语的实际运用能力，这一切都有赖于学生主体地位的确立。首先，应当引导学生进行主动的英语学习。英语学习的过程应当是学生主动建构知识的过程，教师应当激发学生学习英语的兴趣，调动学生的积极性，培养学生主动学习的欲望。在教师的引导和多媒体等信息技术的支持下，使英语学习成为学生掌握知识、技能、方法、策略的自主学习和自我发展的过程，使学生真正成为自己学习的主人。其次，要培养学生参与英语活动的主动性。基于大学英语翻译实践性的这一特点，学生应当积极主动地参与到各项英语活动和实践中，发挥主观性、能动性和创造性，通过与他人、与社会的交流提高英语的运用能力。最后，学生应当是学习的评价主体。英语翻译学习的评价目的并不是看学生掌握了多少单词、句型和语法，或是教师教学的好坏，而是为了更好地促进学生学习、提高学生能力。学生有必要成为评估的主体，一方面了解自己的学习情况，另一方面学会如何判断、反思自己的学习。

“以学生为中心”就是要处理好“教”与“学”的关系，以“学”为中心。高校英语翻译教学的优化，反对教学中教师的绝对统治地位，反对一味地灌输知识和学生的被动学习。要做到“以学生为中心”，教师首先应当拥有正确的教学观念，明确的教学目标，做学生知识构建和自身发展道路上的引领者；教师应当摒除僵化的硬性计划，预留师生共同探索的空间，以学生的实际情况为基础，设计和组织教学，考虑如何在教学中提高和锻炼学生英语的综合应用能力，如何组织有效的语言实践活动，并积极参与到该过程中，在与学生的互动中指导和协助学生完成知识的习得与消化；在信息资源极其丰富的今天，教师还应当具备相应的信息技术知识和技能，帮助学生在庞大的资源系统中去伪存真，吸取对知识建构有益的内容。从学生的角度来讲，也应当转变思想观念，培养学习的主动性，使自己从被动接受知识的客体转变为主动构建知识的主体；要认识到语言学习的特点，主动参与到与他人、同伴和社会的交流与交往中，在语言学习的过程中实现多维互动，不断提高英语学习和语言运用的能力。

（二）树立“培养学生可持续发展”的思想

高校生态翻译教学中培养学生可持续发展的能力，首先应当帮助学生形成终生学习的愿望和观念。要达到这一目标，英语翻译教学应当从激发学生的内在学习动机入手，而所谓学习动机，指的是学生个体内部促使其从事学习活动的驱动过程，通常表现为渴求学习的强烈愿望、浓厚的求知欲望、认识世界的兴趣、探究事物的好奇心、主动认真的学习态度及高涨的学习积极性等。只有在内部学习动机的作用下，学生才会拥有学习的主动性和创造性，才有利于接受知识、学以致用，同时，学生学习的过程才可能变为主动探究、享受知识的过程，才能真正成为生态主体持续学习的源泉。

英语翻译的教学应当把教学重点从语言知识点的讲解转移到教学过程上来，在学习过程中贯穿终生学习的理念，挖掘学生的学习潜能，帮助学生获得学习英语的方法、策略，培养学生可持续发展的学习能力，其中包括自主学习的能力、语言交际的能力和一定的信息素养。在教学过程中，教师可以采用多种教学方法，提高学生的参与度，使学生在提出问题、分析问题和解决问题的过程中体会获得知识的过程，积累学习方法，探究英语学习的规律，掌握英语自主学习和语言交际的能力及技巧。此外，在当今的信息社会，一定的信息素养也成为学生学习能力的重要组成部分，面对大量的信息，高校英语教师应当在教学中引导学生学生如何去搜集信息、选择信息和利用信息，只有具备了一定的信息素养和利用信息技术的能力，才有助于信息技术环境下学生英语学习能力的发展。

学生在翻译教学中获得的不仅是知识及相应的运用能力，也是学生的素质、人格和情感协同发展的过程，是对完整的人的教育发展过程。教师要尊重学生之间的差异，考虑不同学生的性格和兴趣，因势利导，赋予学生最大的发展空间，保护学生的创新精神，引导学生的全面发展。此外，教师应当着力于师生关系的建设，重视情感因素在教学过程中的重要作用；努力营造轻松和谐的学习氛围，消除学生的焦虑紧张感和师生之间的距离感，建立融洽的师生关系。学生只有感到自由、开放与和谐等积极的氛围，才能更积极有效地投入到英语学习中，不断充实自己的知识世界和精神世界，实现“完整”的发展。

二、关注学生种群内部的生命成长

学生是高校英语翻译教学生态系统中最重要的生态主体，学生种群也在该系统内处于中心的位置，学生种群内个体能否健康成长、个体之间关系是否得到良性发展对于整个高校英语翻译教学系统的优化起着至关重要的作用。存在于学生种群内的个体具有生命的差异性，虽然他们的年龄和专业相近或相同，但是每个学生的背景、个性、爱好、价值观等都是不同的，每个学生都是一个不同于他人的生命个体，也正是因为个体发展水平的差异、认知能力的不同、情感态度的错落才使每个学生都拥有自己的生态位。这就要求教师应当关注不同学生的生态位，根据不同学生的特点实施个性化的教学策略，有针对性地选择、设计教学内容和教学方法，因材施教，以达到学生个体生态位的优化。

同时，教师也应当认识到学生生态位并不是一成不变的，而是随着其他因子或环境的变化而变化的，所以要在教学中关注学生种群内部的关系，利用生态位原理来优化种内关系。根据生态位的竞争排斥原理（高斯法则），教师可以按照教学和学生的具体需要，采取措施促进学生生态位的重叠与分化。在自然界，物种生态位的重叠会引起激烈的资源竞争，造成资源危机，大多数情况下是不利于该物种或系统的整体发展的。然而高校英语翻译教学生态系统不同于自然界的生态系统，其中的很多教学资源是可以实现再开发、再利用、再循环的，因此，在具体的情况下促进学生生态位的重叠有利于学生个体的发展和高校英语翻译教学的顺利进行。例如，教师可以通过采取学生合作学习的方式促进学生生态位的重叠。学生以小组为单位，采取共同学习的方式，同时参与教学资源的探索与开发。在这种情景中，学生虽然享有相同的材料和资源，但学生个体之间通过不断的讨论和交流，不仅解决了问题，完成了学习任务，又学习了他人的技巧、方法和策略，同时还提高了交际能力，增进了友谊，丰富了精神生活。同时，教师根据情况和需要也可以采取措施促使学生生态位的分化。学生是有着各自特点的不同个体，翻译教学应当赋予学生展示自我、发展兴趣的机会，使学生充分发挥自己的长处，成长为区别于他人、具有强大竞争力的生命个体。而且学生在学校学习中形成的知识结构、能力强弱、素质高低也在一定程度上决定了其在未来社会中的生态位。高校英语翻译教学可以通过设置多种课型促进学生生态位的分化，根据学生的兴趣设置不同的选修课程，为学生提供自由的学习环境和广阔的发展平台，使学生在不同的课型中找到自我，充分展现自己的才华，获得自我满足感，从而有利于学生树立自信心，有助于其认清自己的潜力，明确发展的目标，促进学生成为具有鲜明个性特征和创造力的生命个体。这也是对学生个体生态位的尊重，是促进学生学习生命发展的有效途径。

高校生态翻译教学促进学生种群内部的生命成长还应当促进学生“自组织”能力的发展。生态系统的自组织指的是系统不受外部的影响，能够通过内部各生态因子相互作用，形成有序结构的动态过程，换句话说也就是系统拥有自我调节的能力。学生个体本身也是一个生态系统，在遇到外来干扰的情况下，学生并不是被动地做出反应，而是可以发挥其自我调节的能力，做出自我调整。在纷繁芜杂的资源面前，学生可以利用其自组织的能力剔除不利于知识建构的信息，面对有价值的信息又可以在已有的知识结构上进行融会贯通，重新建构自己的知识体系。教师应创造机会和条件促进学生自组织能力的发展，而这一过程也是学生学会学习的过程，具有重要的意义。

翻译教学中学生种群内的类型有正式群体、非正式群体和半正式群体等，群体内和群体间交往的模式和形态对学生个体的发展和高校英语翻译教学的开展都起着一定的作用。应当利用群体中积极因子的作用，发挥其影响力，带动整个群体，形成良好的氛围；应当重视群体中具有消极作用的因子，采取措施消除其负面作用。教师应当充分了解翻译教学中所形成的各个学生群体，对其进行因势利导，充分发挥群体凝聚力的特点，促进成员间的互帮互助、相互学习、相互监督等，发挥群体的效应。

三、创设良好的“生态环境”

人类的生产与生活都离不开人类赖以生存的环境，学习也一样，教学活动必须依附一定的教育环境才能够进行。从本质上来说，学习就是指学生通过与环境中所包含的各项因素相互作用、相互磨合，进而获得知识与能力的过程，翻译的学习过程也不例外，且在英语的学习过程中教学环境对学生学习的影响占的比例较大。因此，教师应紧紧把握教学的整体环境，适时对课堂氛围进行调整，保证学生能在良好的学习环境中进行学习与生活。

（一）创设良好的学习氛围

目前，我国高等院校的英语翻译课堂采用的大多是传统的“一言堂”教学法，这种教学方法具有整体性和一致性，可在一定程度上保证教学任务的完成。但其实这种教学模式带给学生的压力极大，学生总是在被动地接受教师“硬性灌输”的知识，学习过程枯燥无味。这会在一定程度上诱发学生的厌学心理，从而降低学生对于英语学习的兴趣。另外，从学生的角度来说，这个学生群体在基础知识方面已经具有一定的水平，其在大学本科阶段更需要获得的是各方面的实践能力。因此，教师在翻译教学中应有意识地对学生的语言表达能力进行培养，而不是一味地采用“填鸭式教学”。教师要充分活跃课堂气氛，从“填鸭式教学”模式向互动型的教学模式转变，通过教学氛围的创设，进一步推进师生间的和谐关系，使学生对教师有更多的信任，在学习过程中能够保证轻松、积极的情绪，有效降低学生在学习过程中产生的焦虑，并加强课堂的互动，在互动环节引导学生自由、全面地表达自己的想法和见底，充分发挥学生的学习积极性。

（二）提供真实的语料环境

教师在教学过程中，一定要将学习和生活联系起来。学习的根本目的在于将所学的知识应用到生活中，与现实脱离的知识是不具有现实意义的。尤其是翻译这种实践性较强的学科，在学习的过程中用到的语料应来源于生活，贴近于生活，让学生在对语料进行学习的过程中不会觉得突兀，选自生活的具有真实性的语料可以给学生更真实的学习过程和情感体验。在对这类语料进行学习时，学生要用到的都是日常生活中常用到的字词和话语，不仅可以大大提升学生学习英语的兴趣，更是给了学生了解世界、了解社会的机会。

参考文献

[1] 王菲，陈琛，张庆敏 . 大学英语阅读教学与翻译理论研究 [M]. 北京：中国商务出版社，2023.

[2] 陈敏 . 英语翻译教学与创新方法研究 [M]. 长春：吉林出版集团股份有限公司，2023.

[3] 林韶南 . 翻译教学与翻译人才培养研究 [M]. 北京：北京工业大学出版社，2022.

[4] 王伦 . 翻译教学与翻译能力培养研究 [M]. 北京：北京工业大学出版社，2022.

[5] 杨金蕊 . 中外文化翻译教学与人才培养研究 [M]. 北京：北京工业大学出版社，2022.

[6] 王家华 . 文学翻译与大学英语教学研究 [M]. 天津：天津科学技术出版社，2022.

[7] 刘宏伟 . 高校翻译教师教学能力模型构建与应用研究 [M]. 北京：外语教学与研究出版社，2022.

[8] 苗立波 . 大学英语翻译教学中的跨文化思辨能力培养研究 [M]. 吉林出版集团股份有限公司，2022.

[9] 张娥，崔艳波，刘伟伟 . 大学英语翻译课程教学模式创新探究 [M]. 长春：吉林出版集团股份有限公司，2022.

[10] 陈秀春 . 英语翻译教学与语用能力培养研究 [M]. 长春：吉林出版集团股份有限公司，2022.

[11] 余胜映 . 英语翻译教学的理论与实践应用研究 [M]. 延吉：延边大学出版社，2022.

[12] 余玲 . 文学翻译对英语翻译教学的影响研究 [M]. 北京：经济科学出版社，2022.

[13] 马吉德 . 英语语言学与翻译教学研究 [M]. 长春：吉林人民出版社，2022.

[14] 侯莹莹 . 跨文化视域下英语翻译与教学研究 [M]. 北京：中国纺织出版社，2022.

[15] 蒋甜甜 . 新课改背景下商务英语翻译教学理论与实践 [M]. 北京：中国国际广播出版社，2022.

[16] 白玲玲 . 大学英语翻译教学与实践应用 [M]. 延吉：延边大学出版社，2022.

[17] 赵红卫 . 大学英语教学模式与跨文化翻译研究 [M]. 延吉：延边大学出版社，2021.

[18] 杨瑞玲 . 项目依托式大学英语翻译教学模式改革探究 [J]. 高教学刊，2016（3）：135-136.

[19] 曾宇钧 . 信息技术背景下的英语翻译与教学实践 [M]. 北京：海洋出版社，2021.

[20] 王伟华 . 文学翻译视域下的翻译教学研究 [M]. 武汉：武汉大学出版社，2021.

[21] 张霞 . 基于"互联网 +"大学英语翻译教学模式创新研究 [J]. 海外英语，2020（16）：67-68.

[22] 张清华 ."互联网 +"背景下大学英语翻译教学模式创新研究 [J]. 海外英语，2018（19）：55-56.

[23] 张悦 . 大学英语翻译教学模式以及创新策略研究 [J]. 文化创新比较研究，2019，3（26）：124-125.

[24] 史斐越 . 基于关联理论的大学英语翻译教学模式的创新路径研究 [J]. 现代英语，2020（19）：59-61.

[25] 姚小娟，惠静蕊 . 基于支架式及多模态理论的大学英语翻译智慧教学模式实证研究 [J]. 重庆第二师范学院学报，2023，36，（5）：119-126.

[26] 刘生然 . 基于认知语言学的大学英语翻译教学研究 [J]. 现代英语，2022（21）：55-58.

[27] 任云岚 . 浅谈翻译硕士专业学位（MTI）英语教学创新模式 [J]. 现代英语，2022（21）：9-12.

[28] 曹小琳 . 信息化背景下的大学英语翻译教学模式研究 [J]. 现代英语，2021（14）：78-80.

[29] 周天楠，白雪晴 . 多模态智慧教学与大学英语翻译课堂的深度融合模式探析 [J]. 成都师范学院学报，2022，38（12）：80-87.

[30] 张玉亮 . 翻译能力下的大学英语翻译教学模式研究 [J]. 教育现代化，2019,6（34）：75-76.

[31] 申媛媛 . 大数据平台下高校英语翻译教学模式研究 [J]. 海外英语，2022（13）：28-29.

[32] 李晓超 . 基于网络资源平台的交互式英语翻译教学模式研究 [J]. 现代英语，2022（19）：57-60.

[33] 薛洁 . 基于网络环境下大学英语翻译教学改革研究 [J]. 海外英语，2021（23）：290-291.

[34] 苗琳娜 . 数据赋能与智能融入导向下高校英语翻译课程教学改革创新研究 [J]. 现代英语，2023（4）：111-114.

[35] 刘瑶 . 跨文化交际背景下大学英语翻译教学研究 [J]. 产业与科技论坛，2023，22（10）：218-219.

[36] 陈凯 . 翻转课堂模式在大学英语翻译教学中的应用研究 [J]. 海外英语，2022（17）：124-125+147.

[37] 倪筱燕 . 同伴互评与大学英语翻译教学的契合性研究 [J]. 文化创新比较研究，2019，3（29）：164-165.